乡村振兴视域下
滨海乡村体育旅游发展研究

陈　军◎著

吉林出版集团股份有限公司

图书在版编目（CIP）数据

乡村振兴视域下滨海乡村体育旅游发展研究 / 陈军
著. — 长春：吉林出版集团股份有限公司，2022.4
ISBN 978-7-5731-1371-9

Ⅰ．①乡… Ⅱ．①陈… Ⅲ．①滨海－乡村旅游－体育
－旅游业发展－研究－中国 Ⅳ．①F592.3

中国版本图书馆 CIP 数据核字 (2022) 第 055679 号

乡村振兴视域下滨海乡村体育旅游发展研究

著　　者	陈军
责任编辑	白聪响
封面设计	林　吉
开　　本	787mm×1092mm　　1/16
字　　数	210 千
印　　张	9.5
版　　次	2022 年 4 月第 1 版
印　　次	2022 年 4 月第 1 次印刷

出版发行　吉林出版集团股份有限公司

电　　话　总编办：010-63109269

　　　　　发行部：010-63109269

印　　刷　北京宝莲鸿图科技有限公司

ISBN 978-7-5731-1371-9　　　　　　　　定价：68.00 元

前　言

　　"乡村振兴"国家战略中的乡村体育旅游发展具有鲜明的时代价值：促进乡村经济结构调整与文化多元发展以及实现政治建设需求。然而乡村体育旅游发展受经济发展负面影响、政策落实矛盾凸显、旅游开发主体矛盾、乡村产业结构单一、乡村体育文化异化等现实困境制约，需要在"政府、社会、个人"维度上构建出符合乡村体育旅游的发展路径：政府层面，健全保障机制、加快资源整合，构建产业融合机制；社会层面，打造文化品牌、革新人才培养模式，提高社会组织治理能力；个人层面，提高开发商责任意识、拓宽居民利益诉求。总之，政府、社会、个人需要协同发力，助推乡村体育旅游发展。

　　乡村体育旅游涉及乡村、体育、旅游三大产业，鉴于现在乡村体育旅游发展所存在的外部障碍与内部阻力困境，迫切需要国家与个人进行全面审视，以实现乡村振兴为目标，以主体利益为导向，从政府、社会及个人三方协同发力，政府主导，社会协同，最终实现以个人发展为出发点与落脚点，推动乡村体育旅游高质量发展。

　　在乡村振兴战略背景下，乡村体育旅游发展伴随着乡村政策支持、经济结构转型、产业融合，乡村体育旅游发展取得了卓越的成效，成为推动乡村社会发展的支柱性产业。但由于乡村主客观条件限制，其仍然面临外有障碍、内有阻力的困境。

　　在乡村振兴战略背景下，发展乡村体育旅游是实现乡村产业振兴的必然要求，也是助力乡村文化振兴、产业振兴、生态振兴、人才振兴、组织振兴的题中之意。审视我国乡村体育旅游面临的外部障碍与内部阻力双重困境，需要政府、社会与个人协同发力，健全保障机制，加快资源整合，构建融合机制，打造文化品牌，革新人才培养模式，提升社会组织治理能力，提高责任意识，拓宽村民利益诉求渠道。然而，乡村体育旅游的发展正处在探索期，需要政府、社会及个人不断挖掘其价值，发现其困境，才能更好地实现乡村体育旅游的蓬勃发展。

目 录

第一章 乡村振兴战略的创新研究

第一节 乡村振兴战略的六维结构特征

十九大报告提出实施乡村振兴战略具有十分重要的意义，乡村振兴是一个有机体系，其结构的层次性和复杂性需要从要素结构、层级结构、价值结构、城乡结构、治理结构和发展结构等六个维度出发来解释说明，并且体现为"六化"，即政府主导与社会参与协同化、顶层设计与基层实践有机化、公共规则与契约精神同构化、城市发展与乡村建设一体化、法治完善与自治成长联动化和创新发展与继承发展的辩证化，它们是乡村振兴战略的六个显著结构特征。对系统结构的分析有利于深化对实施乡村振兴战略的结构性认识和理解，更好地在实践中发挥指导作用。

习近平总书记在党的十九大报告中提出实施乡村振兴战略，为新时代乡村建设绘制新的宏伟蓝图，这是党中央在统筹国际国内环境和全面把握经济社会发展规律基础上，对乡村价值的再认识和对乡土社会的再发现，书写了农业强、农村美、农民富的新篇章。乡村振兴战略是建设中国特色社会主义的必然要求，也是加快城乡融合发展实现农村现代化的必然诉求。乡村振兴战略作为新时代"三农"工作的总抓手，按照"产业兴旺、生态宜居、乡风文明、治理有效、生活富裕"的总方针和总要求，为实现两个一百年的奋斗目标奠定良好的基础。乡村振兴战略是一个多维度、多层次的有机体系，是人类社会和现代政治发展的内在要求，它既是一个实践过程，也是一种价值追求，具体表现为在时间和空间维度上的复杂性、有序性和动态性的增进过程。实施乡村振兴战略可以从要素结构、层级结构、价值结构和城乡结构中理解，这是实现乡村振兴战略的显著特征，对乡村振兴战略的结构特征进行认知和分析有利于细化对命题的结构性理解。诸要素结构特征决定了乡村振兴战略既是一个从微观到宏观递进的层次性结构，也是一个具有并列关系的同位性结构，在一系列的有效调节下，维系发展过程和存在状态的有机统一。

一、要素结构：政府主导与社会参与协同化

从要素结构看，政府与社会是两个不同的行为主体，有明确的目标和权力界限。围绕公共权力建构和运行管理过程的建构是政府与社会关系协同化的基础。以前，政府存在的

历史逻辑是强化资源汲取和社会控制和动员能力，思想就是让社会依附于强权之下，总体上是一种规划的社会变迁，狭隘的排斥异己的社会力量，使社会处于原子化的状态。政府与社会的关系是一种统治和被统治的关系，一方面政府以权力集中和结构集中来应对社会的分和多元；另一方面政府以集权下的分权来应对社会的多元。实施乡村振兴战略就是要打破过去国家权力支配社会的观念，重新建构政府与社会的关系，政府作为最有影响力的公共组织，存在的功能就是在宪法和法律允许的范围内提供公共产品和公共服务，寻求有效的公共事务治理之道和多元的支持力量。社会作为一个自主的行为主体有其自身的价值诉求，与政府是一种平等、协商与合作的关系。乡村振兴需要"善治"，一方面要提升政府的回应能力和倾听能力，培养合作与协商精神，建立理性公民成长的政治文化基础；另一方面要推进社会民主化，尊重社会个体的价值取向，把个人的权利确定在政府对个人自由和平等的保障度上。也就是说，政府通过合法的方式和途径把社会中闲散的资源整合起来，对基于利益共享和价值共享的社会道德共同体建设具有重要推动作用。在政府和社会的二维结构中，两者不存在"修昔底德"式的二元对立，而是相互促进，引导村民积极参与公共事务形成"成员身份自治"共同体，促进乡村社会发展。在政府与社会协同化的过程中，政府主导乡村社会经济、政治、文化、生态建设以适应快速发展的变化，保障个体权利诉求成为社会共同的价值取向，通过有效的参与机制使政府合法性嵌入社会利益结构中去。社会积极参与政府公共政策的过程，通过社群共同体"自己统治自己"分享政府权力，遏制政府权力的"恶"以防止政府失灵。在乡村振兴战略实施过程中要明确政府与社会的性质——政府是有限的政府，社会是自组织的社会。只有这样，才能明确马克思关于"重点论"和"两点论"的关系，政府与社会才能协同好关系，达到乡村振兴"各美其美，美美与共"的协同理念。

二、层级结构：顶层设计与基层实践有机化

从纵向维度来看，实现乡村振兴层级结构划分为三个层次：顶层、中层和基层，这三个层次是层级结构的基本框架。中层主要是上传下达与承上启下，更多的是作为第三者来促进顶层与基层有机联系的。顶层设计指的是从总揽全局的高度，利用手中的资源和信息，兼顾各方面和各层次的利益诉求和利益偏好，最大化地实现公意，广泛寻求公共事务的善治之道，制度存在有其自身的惯性逻辑和支持性的意识形态和社会力量。顶层设计不是关起门来拍脑袋做决策，而是依据现实的乡村状况，坚持从实际出发，是合目的性、合逻辑性与合规律性的系统规划结果，为乡村振兴勾勒出清晰的"路线图"，基层实践是指在国家大政方针的指导下，结合自身实际的特点，发挥积极性和创造性以适应基层社会发展。基层实践直面乡村振兴的困难，坚持问题导向重点推进，本着求真务实、实事求是的态度和遇水搭桥、逢山开路的勇气解决乡村发展的遇到的问题。党的十八届三中全会提出"顶层设计同摸着石头过河结合起来"的论点，强调二者之间辩证统一，不可偏废。正如习近

平总书记所指出的，"推进局部的阶段性改革开放要在加强顶层设计的前提下进行，加强顶层设计要在推进局部的阶段性改革开放的基础上来谋划。"就是说在实现乡村振兴战略的过程中，要把顶层设计与基层实践有机结合起来，处理好局部和全局、当前和长远、个人和集体、胆子大和步子稳的关系，不只是改变过去那种自上而下的"单轨政治"，而是倡导顶层与基层双向联动的"双轨政治"。层级结构建构一方面要加强宏观思考，注重系统性、协同性和整体性，强调顶层设计要整体谋篇布局；另一方面要打破"渐进路径的崇拜"，结合基层实际情况可以大胆创新，破除思想的禁锢，注重基层实践要学会创新。实施乡村振兴战略，加强顶层设计与基层实践有机联系可以更好地形成科学规范、运行有效、系统完备的现代制度体系，是为了推动乡村社会的发展，根本的落脚点还是为了让广大的人民群众共享改革发展成果。"人民"既是利益个体也是意志群体，既需要顶层设计来维护也需要基层实践来实现，"民为邦本，本固邦宁"，这个"本"就是顶层设计与基层实践有机联动治理的基石。

三、价值结构：公共规则与契约精神同构化

从价值结构看，现阶段维系乡村公共性是基于村民自由合意产生的公共规则与契约精神，这是对社会价值观的重构，与社会性质和国家架构相适应。乡村振兴厚植于中华文明根基，发展现代文明，具有乡土民间性和地域多元性的特点，赋予了中华文化长盛不衰的历史厚重感。我国进入新时代，乡村熟人社会进入半熟人社会甚至是陌生人社会，原来维系公共权力的血缘亲缘和地缘逐渐失去了吸附力；乡村治理从传统的礼治走向现代的法治，原来基于道德和伦理形成的"权力的文化网络"变成了基于规则和契约的"利益的工具网络"。人们之间的诉求是通过反映意志的规则和契约来维持的，民主政治和商品经济的发展既是价值结构产生的根本动力也是价值结构符号化的反应。传统社会是身份与等级社会，现代社会是规则与契约社会，实施乡村振兴战略就是要实现"从身份到契约"的转变，这意味着人际关系及其生活模式和状态的调整。对乡土价值的充分认知，还有利于乡土社会的延续性和有序性，我国古代社会的宗法血缘关系与小农经济密切相关，在身份基础上形成的伦常规则强化了狭隘保守的形态，禁锢了社会发展。农业文明秩序与乡绅自治秩序有赖于宗法制度，其本质是"家国同构"的"总体性社会"，缺少公共规则和契约精神的约束和限制。进入新时代后，乡村公共性建构是村民基于平等自愿的原则建立"道德共同体"，在公共规则和契约精神的同构下培养社会资本，实现"重叠共识"的理性基础。以社会本位和权利本位为基础的制度建构既是实现乡村振兴战略的发展方向，也是实现的"乡镇自治精神"的核心。在实施乡村振兴战略的过程中，一方面要遵循法治原则，保护和尊重乡村共同体成员的权利，按照公共性确立人人适用的普遍规则；另一方面要遵循契约精神，实现村民利益组织化，阻止国家权威直接的干涉个体生活。公共规则与契约精神同构化有利于乡村经济的发展和民主政治的建设，也就意味着乡村将成为一个有机的共同

体，村民具有认同感和归属感，增强对乡村公共事务的关注，培养参与意识，增强村庄的凝聚力。规则意识和契约精神的培养是乡村振兴的应有之义，通过规则意识的培养更能体现出乡村文明的发展，努力建构起培植村民合作互助精神的经济基础。

四、城乡结构：城市发展与乡村建设一体化

在城乡结构中包含着城市和乡村两个单元主体，城市是现代文明繁荣的符号，拥有丰富的资源、完善的基础设施和优良的教育卫生环境；乡村是传统中国的基础，皇权社会在其权力中心厚度很大，随着地理半径的延展而逐渐稀薄，直至消失在分散的相对封闭的边缘中，主权被碎片化的地主、豪强和士绅所分割。作为皇权治理所需的赋税、价值取向和人口主要在乡村，城乡二元结构导致城市和乡村形成"鸡犬之声相闻，老死不相往来"的"断裂"状态。我国实施乡村振兴战略，一方面要统筹城乡发展，注重资源和机会投向农村，推动城乡一体建设格局，增强农村可持续发展能力，提升农村公共服务水平，最终形成农业增效、农民增收和农村繁荣的局面；另一方面要充分发挥政府"看得见的手"和市场"看不见的手"相结合的调控作用，激发城乡的创新动力和内在活力，打通横亘在城乡二元结构的"任督二脉"，在一体化发展的过程中增进城乡治理的一元性，推动城乡一体化发展。有效促进城乡人才、资金等要素自由流动、均衡配置和平等交换，构建可持续的新型城乡一体化长效机制，使乡村居民与城市居民共享发展成果，从而形成城乡一体、共同繁荣和良性互动的新格局。习近平总书记曾表示"推进城乡一体化发展，我们既要有工业化、信息化、城镇化，也要有农业现代化和新农村建设，两个方面要同步进行。要破除城乡二元结构，推进城乡发展一体化，把广大农村建设成农民幸福生活的美好家园。"也就是说，实施乡村振兴战略，城市和乡村要统一整体谋划，尊重城乡发展不协调、不平衡的现实，从自然条件、历史禀赋和人文素养出发，逐步推进乡村振兴和城镇化发展，进一步促进城乡服务均等化、要素配置合理化和居民权益平等化。城乡一体化建设要以人为本，让广大乡村居民切实感受到乡村振兴战略带来的获得感，享受更好的物质生活和精神生活。推动城乡一体化建设发展，既是实现乡村振兴战略的内在要求，也是破除城乡二元结构的有效途径，通过建立城乡融合的机制，进一步形成"以工促农、以城带乡、工农互惠、城乡一体"的新型格局。实施乡村振兴战略目标就是促进农村经济、社会、文化和生态全面进步，使乡村居民与城市居民一道实现小康社会，最终实现农业农村现代化和城乡共同繁荣，提升广大乡村居民获得幸福感。"民亦劳止，汔可小康"，城乡一体化建设必将推动城市农村共同发展，城乡差距进一步缩小，2020 年全面建成小康社会一定会实现。

五、治理结构：完善法治与社会自治联动化

在乡村治理结构中，法治和自治是最主要的两种方式和手段。在传统乡村治理中体现为差序格局和宗法秩序为特征的家长权威和乡绅自治模式，乡村兴衰治乱是国家稳定与发

展的基础，也是国家治理现代化的重要体现。乡村法治与乡村自治是辩证统一的，法治是实现自治的前提条件，培养理性公民自治；自治是法治的可靠保障，规范个体与国家关系。自治是核心，法治是保障，法治与自治联动化是乡村振兴战略的应有之义。在实现乡村振兴战略的过程中，必须完善乡村法治和自治制度，以促进乡村治理结构的提升。乡村法治就是体现乡村居民意志和农村社会发展规律来治理乡村，尊重国家法律与民间规范的互动，不受个人意志阻碍与干预，核心是依法规办理乡村事务，重点对基层公共权力制约，保障农民权利和维护农村稳定。法治是治理结构规范体系的强制性表现，以国家权力为后盾，规范和约束个体的政治、经济和社会权利，保证社会秩序在制度化的结构网络中。明确政府的有限职能，建立有限权利结构，调整利益关系，尊重乡村法治建设的规律，因地制宜，尊重发展的差异性和多样性，循序渐进推动乡村法治建设。乡村自治是基于和集体土地产权发生关系的开放性的治理结构体系，是民主参与、个体权利所结成的自我统治、自我治理的组织形式。通过社会自治，村民可以实现自我管理、自我监督、自我服务、自我教育，实现乡村治理的现代化和治理体系能力的建设，实现从统治模式向自治模式的转变，重构国家、社会和自组织个体的权利边界。在治理结构建构中，要突出法治与自治的边界和范围，法治的目的是维护国家在乡村的权威，统一于国家的现代化建设中，任何组织、团体和个人都不能凌驾于法律之上；乡村自治的意义在于用社会的权力来约束国家权力，维护村民合法权益，维系国家与社会的关系。法治与自治联动化有利于乡村治理制度化的发展和建设，改变传统权威集中和组织结构集中的治理模式，适合新时代我国农村治理的特征，确保法治原则之公共事务的制度化关系，建构社会自治的基础性结构条件。"欲筑室者，先治其基"，唯有完善国家法制建设和社会自治建设，才能实现国家治理体系和治理能力的现代化。

六、发展结构：创新发展与继承发展的辩证化

实施乡村振兴战略既是为了实现全面的、可持续的发展，也是为了实现平衡的、协调的发展。发展结构中要注重创新与继承的辩证统一关系，创新发展和继承发展是乡村振兴发展结构的重要组成部分，两者缺一不可。乡村是一个包含传统与现实的连续实体，处于连续嬗变和不断发展的进程中。创新与继承是辩证统一的，两者相互作用、相互依存、相互影响，具体表现为创新—继承—再创新—再继承的循环往复中，构成了由肯定到否定再到否定之否定的辩证发展和永恒运动的过程。创新是动力，是继承的发展；继承是方向，是创新的基础。扬弃继承，转化创新是发展结构中的一体两面，既对立又统一。乡村要实现发展，必须要进行创新，创新是"旧质"向"新质"的飞跃，"周虽旧邦，其命维新"，一代接一代上下求索，革故鼎新，乡土文明生生不息。沿着乡村发展的脉络溯源，小岗村鲜红的手印承载着几千年土壤的生机，让农业的生产力增强，农村的活力增加，农民的收入提高。乡村要实现振兴，必须要学会继承，继承是对合理部分的接续，是否定中的肯定。

今天的乡村振兴是在原有乡村基础上，从经济、政治、社会、文化和生态上进一步完善制度和健全机制，让改革发展的成果惠及更多的人。实施乡村振兴战略，是为了满足人们对美好生活的向往，在乡村发展过程中，"必须以改革创新的思路，清除阻碍农业农村优先发展和城乡融合发展的体制机制障碍激发农村各类资源要素的潜能和各类主体的活力，不断为农业农村发展注入新动能"。但是也要清醒地看到，不要盲目地否定原有的机制，要关照城乡融合发展的社会资本，保护好原有的文化基因，实现乡土社会的现代转型。乡村振兴正面临一个机遇和挑战并存的时代，发展应抓住机遇，顺应历史规律使乡土社会迎来生机勃勃的发展期。"为者常成，行者常至"，乡村振兴发展既需要创新也需要继承，把科学真理同社会实践结合起来，把优秀的合理的事物保存下来，走适合农村正确之路，富民之路。

乡村振兴是一项长期的历史任务，我们既要满怀信心走共同富裕之路、城乡融合发展之路，也要埋头苦干走中国减贫之路、乡村善治之路，还要脚踏实地走生态发展之路、党建兴村之路。我国是农业大国，有其农耕文明的历史感，乡村正是农耕文明传承的载体，它不是城市的附属物，而是具有自身价值的生存空间。实现乡村振兴，就要坚持农业优先发展，坚持农村融合发展，坚持农民主体地位，巩固乡村基层执政基础，让改革的红利惠及更多、更广泛的乡村居民群体，推动乡村的可持续发展，早日实现中华民族伟大复兴的中国梦。

第二节　小城镇发展与乡村振兴战略

党的十九大明确指出我国社会主要矛盾已经发生明显转化，城市化发展进程与城市发展进程存在的矛盾日益激化，亟待解决。为此，我国提出实施乡村振兴战略内容，旨在解决我国当前社会的主要矛盾，促进我国经济水平的全面发展。本节主要以灯塔市为研究对象，针对当前灯塔市实施乡村振兴战略的实际情况进行合理分析，并根据灯塔市近些年财政经济运行情况，进一步提出加强乡村振兴战略的优化措施，以供参考。

灯塔市是辽阳市七个县市区之一，位于辽宁省中部，北与省会沈阳接壤，是沈阳辖区以外距离沈阳最近的城市，区域面积 1166 平方公里，辖 11 个乡镇、3 个街道、193 个行政村，人口 46 万人，初步形成了以铝型材为主导、皮装裘皮为特色、日化原料和矿产建材为补充的产业格局。灯塔市在多年的发展与实践中，始终坚持以党的政策方针作为总体发展方向，将解决好"三农"问题作为本县市区发展重心，旨在进一步促进乡村振兴战略的全面实施。结合实践效果来看，灯塔市在实施乡村振兴战略过程中，取得的效果较为显著，基本达到农村优化发展要求。然而，由于受到灯塔市经济结构不合理、产业层次不高以及财源基础匮乏等影响，使得小城镇发展比较受限，亟待解决。

一、关于乡村振兴战略的综合概述

实施乡村振兴战略可以最大限度地准确判断与把握我国当前社会的主要矛盾，属于我国制定正确方针政策的理论依据，同时也属于化解我国当前矛盾，促进经济社会和谐发展的关键前提。目前，我国社会主要矛盾发生明显转化。在这样的发展背景下，我国城乡发展呈现出的差距愈加明显，甚至逐渐演变成为制约我国经济增长的主要因素。针对于此，党的十九大报告明确提出实施乡村振兴战略的重要意义与必要性。

乡村振兴战略始终坚持将解决好"三农"问题作为全党工作的核心内容，确立总体发展方向，如坚持农业、农村优先发展。以此为基础，根据总体要求，健全呈现融合发展体系与政策机制，旨在进一步加强与推进农业现代化发展进程。为进一步促进我国乡村振兴战略内容的全面落实，国家政府要求各城镇必须立足于本地实际发展情况，清晰定位乡村振兴发展途径，确保最终实施效果。

二、灯塔市实施乡村振兴战略的基本概况

2018年1—6月份，完成地区生产总值54.6亿元，同比增长0.2%；完成固定资产投资21.1亿元，同比下降20.7%；社会消费品零售总额46.5亿元，同比增长6.1%；规模以上工业总产值31.8亿元，同比增长87.8%。截至7月末，全市亿元以上项目开（复）工20项，开（复）功率为76.92%，完成投资23亿元。其中：续建项目复工13项，复工率100%，完成投资18.48亿元；新开工项目7项，开工率53.84%，完成投资4.52亿元。

其中，一般公共预算收入84693万元，完成序时进度的101%。国税部门完成26209万元，完成序时进度的74%，同比减收8267万元，下降24%；地税部门完成37152万元，完成序时进度的105%，同比增收1756万元，同比增长5%；财政部门完成21332万元，完成序时进度的165%，同比增收9541万元，同比增长80.9%。与往年相比，灯塔市财政经济增长率得到明显提高，发展势头较为良好。

三、影响灯塔市乡村振兴战略进一步实施的因素

（一）积极因素

党的十九大政策的全面贯彻与中央经济工作会议部署实施的深化改革，为进一步推进东北老工业基地的振兴进程指明了前进方向。可以说，通过实施乡村振兴战略与支持资源型城市转型发展等一系列重大举措，基本上为全面推进本市经济发展进程提供了坚实保障。目前，本市坚持将"重、强、抓"等工作内容作为主要战略内容，目的在于促进重大项目建设效率，尽早达成预期效果。与此同时，县乡财政体制改革进程进一步强化了全市乡镇经济的发展水平，为本市财政收入稳健发展夯实基础。从某种程度上来说，本市政府唯有

紧抓实干、合力推进，充分利用好上述积极因素，基本上就可以尽早达成预期实施目标，完成乡村振兴战略的实施任务。

（二）消极因素

灯塔市作为新兴小城市，在发展方式方面并未充分结合现代化发展要求，仍在沿用以往粗放式发展方式，使得整体经济结构存在明显不合理性。长此以往，导致本市产业层次亟待提高，同时财源基础也亟待提高。究其原因，主要是因为传统产业结构始终未得到全面调整，使得传统产业发展受阻。如煤铁等资源型产业一直都是本市的支柱型产业。自2012年以来，受到本市经济下滑以及国家产业政策调整的相关影响，使得本市采矿业、水泥业等支柱型行业持续呈现低迷状态。

尤其在今年，红阳三矿因生产事故大批量停产，给本市经济造成严重损失。除此之外，本市新兴产业发展速度缓慢，如忠旺集团仍处于初步建设阶段，拉动经济的效果有限。可以说，本市经济处于转速提升的爬坡阶段。由于财政经济支持力度有限，使得部分乡村振兴措施难以得到落实或者落实程度不高。长此以往，很容易导致本市乡村振兴战略实施任务无法尽早达成。为此，必须及时采取切实可行的措施进行解决，确保本市乡村振兴战略的实施效果。

四、关于促进本市乡村振兴战略顺利实施的优化策略

（一）盯紧收入，优化支出结构，确保财政基础力量科学、合理

针对当前本市财政基础薄弱的情况，建议政府部门及相关人员应该致力于强化自身的收入目标意识，将支柱型企业的重点项目税收情况进行实时跟踪，紧紧抓住组织收入的主动权，确保本市经济增长目标得以全面实现。与此同时，本市应该及时树立起"紧日子"的思想意识，倡导节约政策。立足于整体的发展格局，做好有保有压、盘活存量工作，严格贯彻与落实本市委、市政府各项决策内容，并且其部署到位。尽可能地盯紧收入，优化支出结构，确保本市财政基础力量始终保持科学、合理的状态。

（二）明确改革主体方向，健全管理机制

为进一步确保本市乡村振兴战略得以顺利实施，建议本市政府应该推进支出经济分类改革进程，目的在于进一步增强经济预算约束力。与此同时，本市政府应该强化预决算公开力度，目的在于进一步提升预算透明度。本市必须始终明确改革主体方向，立足于实际情况，适当推行绩效管理改革政策，最大限度地提升本市的财政绩效，以便为乡村振兴战略的顺利实施提供物质基础。以此为基础，认真贯彻与落实《灯塔市乡镇（街）财政管理体制改革实施方案》，以达到激发乡镇街发展活力的目的。

（三）紧抓实干，合理推进，促进本市乡村振兴发展

针对现阶段本市乡村振兴发展战略落实程度不高的问题，建议本市政府应该紧扣实施

乡村振兴战略的新发展理念，坚持围绕各项目标任务，严格落实紧抓实干、合理推进的政策内容，为振兴发展新篇章提供物质基础。除此之外，本市应该加强管理，确保本市理财水平得以提升。这就要求本市政府应该规范理财程序，根据国家现行规范与要求，促进资金运行权责明确落实，以达到合理的监督效果。与此同时，应适当完善与强化财政业务流程，规范业务风险问题，确保各项经济资源不受损。需要注意的是，为进一步推进乡村振兴战略政策落实进程，建议省里应该加大对基层财政干部的培训力度，夯实基层财政管理基础。

总而言之，全面贯彻与落实乡村振兴战略措施是有效确保我国城镇化进程合理发展的基本保障。对于灯塔市而言，准确判断与把握社会主要矛盾，是有效促进当地城镇发展进程与乡村振兴战略科学实施的关键前提。建议灯塔市在推进本市发展进程的时候，应该明确当前制约全年财政增长的主要因素以及当前发展中存在的主要问题。并以此为基础，深入分析与解决当前存在的阻碍问题，从根本上促进灯塔市城镇发展进程，确保乡村振兴战略得以稳妥落实。相信通过灯塔市政府及相关人员的不断努力与实践，灯塔市的经济发展势必会得到进一步发展。

第三节　乡村振兴战略下的文化创新

习近平总书记在党的十九代中曾经说过贫困人民是他最牵挂的人，一直以来农村脱贫建设都是党特别关心的问题。党的十九大上，党将乡村振兴战略提出来，对其战略行动作出了目标任务的规划以及具体要求。由于中国文化从本质上来看就是乡土文化，所以乡村振兴策略显得尤为重要，如何在乡村振兴战略的实施下进行文化创新呢，也是同等重要。本节就从乡村振兴战略的概念出发，谈谈乡村振兴战略提出的意义以及如何进行乡村振兴战略下的文化创新。

民生问题一直以来都是党的关注重点，而关系民生的农村农业以及农民的问题又是其中需要解决的重要问题。党的十九大提出要对"三农问题"作为党的工作重点，针对他们做好乡村振兴战略。随着党的十九大提出乡村振兴战略的实施，党和国家开始为解决三农问题着手，要想保证乡村振兴战略的实施卓有成效，还需要对其进行一定的文化创新，文化创新可以推动乡村振兴战略实际实施的发展，促进三农问题的解决，具有重要的现实意义。

在党的十九大中，习近平总书记提出了乡村振兴战略，其中讲到农村农业农民三农问题是在解决国民生计时需要解决的关键问题，解决"三农"问题，怎样解决"三农"问题，解决好"三农"问题始终是党应该重点考虑的事情，怎样解决"三农"问题是其中的重中之重，需要对"三农"问题进行大改革，因此提出了乡村振兴策略，并开始进行乡村振兴策略的实施。2008年1月，中央针对"三农"问题，提出了乡村振兴策略的实施意见并发布了相关文件。2018 年 3 月，李克强总理作出工作报告，其中也说到需要加大乡村振兴战略的实施，坚持党对农村进行管理工作，农村农业问题需要进行优先发展，在乡村振兴战略中要始终坚持把农民当作主体，体现其主体地位，实行乡村振兴需要城市乡村融合发展，不论何时都要坚持人与动物和谐相处，还需要因地制宜、循序渐进。党的十九大提出必须保持农村土地承包工作的稳定并且长久不变土地承包第二轮后还需要再进行延长，延长期限三十年，以保障国家粮食的安全，中国人能将自己的饭碗紧紧抓在自己的手里。做好农村基层的基础工作，建设一支爱农村、明白农业、关爱农村的"三农"队伍。

一、乡村振兴战略下进行文化创新的意义

创新无论在什么时候都是被需要的，毕竟它是一种进步的源泉，在乡村振兴战略下进行文化的创新是"三农"进步的动力，也是国家富强发展的不竭动力。文化创新作为文化的生命甚至是灵魂，同时也是先进文化发展的源源不竭动力。就当前来说乡村振兴发展史其实也是文化创新史。在乡村振兴战略中进行文化创新，不仅体现了农民的智慧，更是体现了中国、中华民族的智慧和文明。国家进行文化创新的能力也是我国综合实力的一种重要标志。如果想要保持文化的先进性就必须进行文化创新，在全面建设小康社会的时代，文化创新也是一种有力保证。在乡村振兴战略下，实行文化创新，也能在很大程度上丰富农民的精神文化生活，积极鼓励农民跟上时代的步伐，随着国家的、党的文化潮流走。往更深层次来看，文化创新是一个国家、民族面对全球文化竞争的手段，进行文化发展优势创造的一种战略，文化不仅是一种"软实力"，同时也能成为一种"硬实力"，不仅能够促进乡村振兴战略的实施，更是成为一种国家的一种综合竞争力的重要组成部分。

二、乡村振兴战略下进行文化创新的途径

随着新时代的到来以及迅速发展，针对"三农"问题实施乡村振兴战略也需要创造新思维，开展新的工作模式，要想实现物质思维与文化思维进行结合统一，必须以文化思维作为优先考虑。乡村振兴战略要求城乡融合，在城市与农村共同发展的情况下，要以农村发展为重点，农村逐渐向现代化社会转型的过程中，必须具备文化创新意识，并将其有机融合到乡村振兴的整体过程以及多个方面，以达到促进乡村振兴的目标。

（一）对于乡村特色文化产业要积极推进其发展

在乡村振兴战略的实施过程中，要对乡村文明，还有它在整个中华文明长河中扮演的角色以及时代价值给予足够的重视，能够对乡村原创力进行培育。在我国保留传统开拓未来的理想上，"记住乡愁"是其飞翔的羽翼，另外"实现中国梦"也是，在文化创新上，需要牢牢抓住这两点。

在漫长的历史长河中，农耕文明在我国的历史上是灿烂且辉煌的，"耕田可以事稼穑，用学问改变社会"的一种文化理论还有一种儒家伦理"乡土中国"都是农耕文明孕育下的

产物，农耕文明经历两千多年漫长的历史，充分而又深刻地影响着古代的精神文明布局。有系统的对乡村文化资源以及自然资源进行搜集整理，保护好历史留下来的乡村文化，建立以乡村文化为主体的展示馆以及乡村文物收藏馆，建立起我国文化保存库，重视乡土文化的塑造，在日常生活中建立起乡村传统的仪式，以便为乡村文明提供和培育源头活水，从而进一步对乡村文化的复兴起到推动作用。

在乡村振兴战略中进行文化建设，就需要积极培养孕育以及发展乡村文化的生产力。要充分发掘乡村自然资源中蕴含的文化价值，有句话说得好，绿水青山也能变成金山银山，冰天雪地也可以变为金山银山。在乡村振兴战略中培育有利要素，加强乡村文化生产力度，以便乡村文化与文化科技、企业、金融相互融入。在新时代下，以积极的态度构建符合现代发展方向的乡村文化市场体系，积极组织乡村文化相关旅游活动，发展特色工艺，传统技艺，制作乡村文化艺术的创造计划，并且进行推进，组织生态艺术的展示，如花田艺术的展览。另外，可以结合乡村的实际情况，针对特色的乡村题材可以进行影视拍摄、出版，将它们运用到现代化产业中，发展能够促进乡村文化创新的新兴行业，在一定程度上，这样的方式能够完成遗产保护、传媒推广等的有机结合，创造具有乡村特色的文化产业。

（二）加大发展乡村文化创新力度

要想开展乡村振兴战略，并且顺利实施，就要对农村第一、第二、第三产业进行协调发展，构建三者结合发展的产业体系以及生态系统，积极开展乡村文化创新工作，培育乡村文化创新力。

在进行生态农业的发展以及特色文化产业的发展基础下，也要充满激情的发展创意农业、特色旅游业、特色加工业等产业领域。乡村振兴战略下的文化创新，需要建造人、事物、人文、景观等要素的结合的创意工程，并且与村落美学、乡村故事、自然博物馆的建设相互协调，打造一村一乡的特色文化，促进乡村特色的"一源多用"对乡村文化储存资源朝着乡村文化经济不断创造的方向转以及发展创新，实现乡村产业的振兴策略。

对乡村文化实施振兴与发展，就是要求能够对颇具乡村文化的社会进行综合治理，发挥和提升乡村文化的优势。保持乡村原始的乡土味道，保留乡村泥土的芬芳，深种土地情怀，坚定根土精神，不要触碰生态环境的底线。随着信息技术的迅速发展以及普及，一些基础设施设备在乡村建设起来，要保留乡村特色，使其的生态面貌与城镇的环境有着显著区别，在乡村中，应该是能够看得见山和水，也能体会得到乡愁的。实现乡村文化创新，得对乡村文化认同、文化保留培育、生态持续发展、生活水平进行提升。同时，做好乡村农民意见的民主政策，培养优秀的，能够将乡村文化与新时代文化相结合的乡绅，建立起一系列的乡村特色发展、文化创新活动。

实行乡村振兴战略积极解决"三农"问题，在这样的情境下进行文化创新，必须将新时代变化与乡村特色文化相融合，既要保留乡土文化，也要开展特色文化与其他产业的结合。培养新时代青年，在坚守乡土信念的同时积极发展文化创新，构建更加特色和谐的乡村文化和乡村生活模式。

第四节 新时代乡村振兴战略的鲜明特色

乡村振兴战略是当代中国"三农"工作的思想指南和行动纲领。它形成于中国特色社会主义新时代这一特殊历史时期，具有显著的时代特征；它以解决农业农村发展不平衡、不充分问题为目标，具有突出的问题导向特征；乡村振兴战略注重国家系统、整体谋划，具有科学的顶层设计特色；乡村振兴战略的实施注重实际差异、强调因地制宜，具有典型的实践创新性特点。

党的十九大以来，以习近平同志为核心的党中央总揽国家现代化进程的战略全局，对实现农业农村现代化作出了重大战略部署，提出了乡村振兴的重要发展战略，这是马克思主义理论与中国特色社会主义建设实践相结合的最新成果，是当代中国"三农"工作的思想指南和行动纲领。这一战略是在继承中华人民共和国成立成立以来已经取得的"三农"工作成果的基础上，针对新的历史条件下我国经济社会发展的最新需求，经过以习近平同志为核心的党中央充分酝酿调研和反复论证，最终以中共中央、国务院决定的形式予以颁布和确立的"三农"工作的总体规划或总纲领，从而构成了当代中国做好"三农"工作、实现农业农村现代化的战略谋划。从乡村振兴战略形成的历史节点、针对的现实问题、运用的思维方法、实现的路径选择上看，它具有显著的时代特征、突出的问题导向、科学的顶层设计、典型的实践创新等鲜明特色。

一、显著的时代特征

与时俱进是马克思主义最重要的理论品质。反映时代特征、顺应时代要求是国家发展战略秉承马克思主义理论品质、与时俱进的突出表现。乡村振兴战略具有显著的时代特征主要是指它形成于中国特色社会主义进入新时代这一特殊历史时期，能够反应新时代国家发展对"三农"工作提出的新要求，能够解决新时代条件下实现农业农村现代化面临的新课题，从而使其充满着浓郁的时代气息。

党的十九大报告指出，"中国特色社会主义进入了新时代，这是我国发展新的历史方位""从十九大到二十大，是'两个一百年'奋斗目标的历史交汇期。我们既要从全面建成小康社会、实现第一个百年奋斗目标，又要乘势而上开启全面建设社会主义现代化国家新征程，向第二个百年奋斗目标进军。"《中共中央国务院关于实施乡村振兴战略的意见》中指出，实施乡村振兴战略"是决胜全面建成小康社会、全面建设社会主义现代化国家的重大历史任务，是新时代'三农'工作的总抓手。""中国特色社会主义新时代、全面建成小康社会、全面建设社会主义现代化国家"共同构成了乡村振兴战略形成的时代背景。乡村振兴战略也正是从我国所处的新的历史方位出发，既对标全面建成小康社会必须完成的硬任务，又着眼于筑牢全面建设社会主义现代化国家的坚实基础。它所要回应的是中国特色社会主义进入新时代后如何实现农业农村现代化这一重大历史课题。

深刻分析乡村振兴战略产生的时代背景，准确把握它面临的时代任务和要解决的时代课题，是深入理解乡村振兴战略的基本出发点，也是科学认识中国特色社会主义理论最新发展成果的必然要求。从总体上看，乡村振兴战略是改革开放以来"三农"工作整体战略中的一个特殊发展阶段和重要组成部分，它是中国特色社会主义进入新时代对"三农"工作的战略规划，也是国家农业农村现代化理论和战略在新时代的提高与升华。乡村振兴战略显著的时代特征就在于它既是具体的、历史的，又是整体的、统一的。把握好乡村振兴战略的时代特征既要注重从具体的历史条件出发，也要注重从国家战略发展变化的整体出发。

二、突出的问题导向

问题是时代的声音，只有准确把握每个时代面临的问题，才能找到引领时代进步的路标。坚持问题导向既符合马克思主义认识论的内在要求，也是贯彻党的思想路线的具体体现。党的十八大以来，国家各项战略制订的基本依据就是建立在科学分析时代难题、准确把握社会主要矛盾的基础之上的。"增强问题意识""坚持问题导向"是新时代国家战略形成和产生的鲜明特征。乡村振兴战略也是以解决新时代社会主要矛盾为出发点，以"三农"工作中存在的重大问题为导向而提出的推动我国农业农村现代化的新谋划、新举措。

党的十九大报告指出，"中国特色社会主义进入新时代，我国社会主要矛盾已经转化为人民日益增长的美好生活需要和不平衡不充分的发展之间的矛盾。"《中共中央国务院关于实施乡村振兴战略的意见》中特别强调，"当前，我国发展不平衡不充分问题在乡村最为突出。"并从农产品供给状况、农业供给质量、农民适应生产力发展和市场竞争能力、新型职业农民队伍建设、农村基础设施和民生领域欠账、农村环境和生态问题、乡村发展整体水平、国家支农体系建设、农村金融改革、城乡要素流动机制、农村基层党建、乡村治理体系和治理能力等方面做了全面、系统的分析，进而指出，"实施乡村振兴战略，是解决人民日益增长的美好生活需要和不平衡不充分的发展之间矛盾的必然要求。"习近平总书记也多次强调，"我国农业农村发展已进入新的历史阶段，农业的主要矛盾由总量不足转变为结构性矛盾、矛盾的主要方面在供给侧，必须深入推进农业供给侧结构性改革，加快培育农业农村发展新动能，开创农业现代化建设新局面。"可见，农业农村发展的问题意识和问题导向贯穿和反映在党的十九大以来"三农"工作的全过程和各个方面，成为乡村振兴战略设计的一个重要特征。解决"三农"领域存在的突出问题，有针对性地回应人民群众的社会关切，是乡村振兴战略的根本出发点和落脚点。

"什么叫问题？问题是事物的矛盾。哪里有没有解决的矛盾，哪里就有问题。"正视问题、发现并抓住问题才能做到有的放矢，才能赢得解决问题的主动。我国实现农业农村现代化一样需要正视、发现并抓住"三农"领域存在的突出问题。2018 年中央 1 号文件中关于"三农"工作的八项重大部署都是围绕关键问题展开的，每一项部署都重点解决一类问题，充分体现了乡村振兴战略突出的问题导向特征。

三、科学的顶层设计

顶层设计是一个工程学名词，旨在通过统筹考虑一个项目的各层次、各要素，并寻求在最高层次上解决问题的思想方法。党的十八大以来，顶层设计已经成为一个我国政治领域的新名词，专指改革进入深水区之后，仅靠"摸着石头过河"已经无法适应改革需求，因而要统筹考虑各种要素的关联、匹配与衔接，加强中央对改革方案的系统谋划，从而使改革具备实践可行性。乡村振兴战略就是党中央对"三农"工作进行系统谋划的成果。从总体上看，乡村振兴战略是建设社会主义现代化强国的战略谋划之一；从乡村振兴战略本身来看，它又自有逻辑、自成体系。

"实施乡村振兴战略是党和国家的大战略，必须要规划先行，强化乡村振兴战略的规划引领。"自党的十九大提出实施乡村振兴战略以来，中共中央先后颁布了两个中央 1 号文件，对实施乡村振兴战略，做好"三农"工作进行了全面部署，并制定了《国家乡村振兴战略规划 (2018-2022 年)》，对实施乡村振兴战略作出阶段性谋划，从而搭建起了实施乡村振兴战略的"四梁八柱"，其中，包括国家战略规划引领、党内法规保障、国家法治保障、领导责任制保障等重要内容，并布置了 82 项重要战略、重大行动、重大工程，对如何解决钱、地、人的问题做了统筹安排，此外，还建立了包含 22 项具体指标的乡村振兴战略指标评价体系等。与此同时，地方政府也开始抓紧出台各地的乡村振兴战略规划。目前，乡村振兴战略在中央的总体设计、统筹协调之下，正在全国范围内整体有序推进。

顶层设计的优势在于可以做到管长远、顾全局、抓根本。乡村振兴战略方案是一个全面、深刻、缜密的农业农村现代化蓝图，既涉及农村产业、文化、治理、民生、生态等方方面面，也涉及城乡融合发展体制机制和政策体系，还涉及国家法制建设、党的农村工作领导体制机制等各种问题，不注重整体性、协同性、关联性，就会顾此失彼，得不偿失。从乡村振兴战略的提出到实施，充分彰显了中共中央强大的顶层设计能力和稳健成熟的改革控制能力。可见，注重科学的顶层设计是乡村振兴战略的一个突出特点，把握好这一特点能够使我们更准确地理解乡村振兴战略的深刻内涵，从而更好地将其贯彻落实到具体行动之中。

四、典型的实践创新

"社会生活在本质上是实践的。"实践是马克思主义永葆生机与活力的源泉，实践也是中国特色社会主义不断发展与完善的动力。乡村振兴战略是在社会主义现代化建设的伟大实践中才得以形成、发展和完善的，乡村振兴战略描绘的美好蓝图，也只有通过生动具体的实践活动才能最终实现。典型的实践品格构成了乡村振兴战略的固有特质。

在制订乡村振兴战略规划的过程中，国家发展改革委员会先后多次派出调研组，深入河南、辽宁、吉林、江西、湖南、四川、贵州、陕西、甘肃等省开展专题调研，实地察看了农村农业生产情况、基础设施建设状况、集体经济组织运行情况等，深入了解农业农村发展中存在的问题，掌握农民生产生活上存在的突出困难，听取基层干部群众的诉求建议，并将切实有效的解决方案和具体措施充分体现在乡村振兴战略规划当中。不仅如此，国家发展改革委员会还会同民政部、农业部、文化部等相关部门组成联合调研组开展乡村振兴战略规划编制专题调研。乡村振兴战略规划是在充分调研的基础上形成的，切实反映了当前农业农村的发展状况，体现了亿万农民的新期待。乡村振兴战略在各地贯彻落实的过程中，同样以各地的实践探索为基础，形成了多种多样的乡村建设样板、产业发展格局、农村土地改革路径、乡村社会治理模式。仅被人民网报道的就有上百个地区的典型经验和做法，这些都是各地政府结合本地实际实施乡村振兴战略的实践成果，也是人民群众发挥主体作用推进乡村振兴的生动诠释。

习近平总书记在中共中央政治局2018年第八次集体学习时强调，"党中央已经明确了乡村振兴的顶层设计，各地要制定符合自身实际的实施方案，科学把握乡村的差异性，因村制宜，发挥亿万农民的主体作用和首创精神，善于总结基层的实践创造。"在中央统一规划的前提下，鼓励地方结合本地实际积极探索乡村振兴新路子的做法是党的十九大以来乡村振兴战略实施的鲜明特点。此外，突出强调弘扬实干、担当精神，也是新时代乡村振兴实践的突出亮点。习近平总书记多次强调，"要坚持以实干促振兴""一件事情接着一件事情办，一年接着一年干。"由此，一系列关于督办协调、督查落实、考评激励、责任追究的工作机制、制度规定相继出台。可见，乡村振兴战略的实施是实践探索与创新精神的有机结合，是党和人民群众建设中国特色社会主义的又一次伟大创造。

乡村振兴战略是以习近平同志为核心的党中央从建设中国特色社会主义事业全局出发，立足全面建成小康社会，着眼全面建设社会主义现代化国家，以解决"三农"问题为导向提出的国家发展战略。它明确了当代中国开展社会主义现代化建设必须完成的硬任务，为实现农业农村现代化指明了方向，为乡村全面振兴提供了思想引领、战略谋划和行动纲领。乡村振兴战略形成于中国特色社会主义新时代这一特殊历史时期，具有显著的时代特征；它以解决农业农村发展不平衡不充分问题为目标，具有突出的问题导向特征；乡村振兴战略注重国家系统、整体谋划，具有科学的顶层设计特色；乡村振兴战略的实施注重实际差异、强调因地制宜，具有典型的实践创新性。乡村振兴战略的鲜明特色是其区别于我国历次农业农村改革方案的关键所在，也是其具有强大生命力、得到群众广泛支持的根源所在，它必将在中国特色社会主义发展史上书写亮丽的一笔。

第五节   社会学视野中的乡村振兴战略

习近平总书记提出的乡村振兴战略，作为我国农村实现现代化的宏大叙事、作为新时代做好"三农"工作的"总抓手"，意义深远而重大。在社会学视阈里，促进农村社会良性运行和协调发展是乡村振兴战略的本质；城乡融合发展、实现农村社会的现代化是乡村振兴战略的目标；建设乡村社会共同体、重塑乡村社会公共精神是乡村振兴战略的关键；改善和保障乡村民生、实现乡村社会"七有"是乡村振兴战略的托底；创新乡村基层社会治理，实现乡村社会"治理有效"是乡村振兴战略的抓手。

党的十九大报告中指出，经过长期努力，中国特色社会主义已经进入新时代，我国社会主要矛盾已经转变为人民日益增长的美好生活需要和不平衡、不充分发展之间的矛盾。基于对我国社会主要矛盾发生转换的正确判断，习近平总书记适时提出实施乡村振兴战略。从党的十九大报告提出要实施乡村振兴战略，到 2018 年 1 月 2 日《中共中央国务院关于实施乡村振兴战略的意见》（中央一号文件）颁布，再到 2018 年 5 月 31 日中共中央政治局召开会议审议了《乡村振兴战略规划（2018-2022 年）》，经过从战略构想到顶层路线图再到政策框架确定的一系列转换，标志着乡村振兴战略在我国广袤的农村开始落地生根、开花结果。乡村振兴作为我国农村实现现代化的宏大叙事，作为新时代做好"三农"工作的"总抓手"，意义深远而重大。本节尝试从社会学的视角对乡村振兴及战略思想做粗浅的探讨。

一、促进农村社会良性运行和协调发展是乡村振兴战略的本质

从 20 世纪 70 年代末农村经济体制改革以来，整体上农村经济社会发展得到长足发展，但是与城镇的迅速扩张、现代化程度不断提升相比，农村产业凋敝、农业产出效益低下、基础设施落后、青壮年精英人才外流、民生保障水平较低，并没有完全实现与我国全面建成小康社会、实现现代化的目标相向而行。从社会学视角看，我们可以认为农村社会没有实现良性运行和协调发展。在社会学的视野里，包括乡村在内的社会，均由承担着不同功能的结构组成，只有不同构成部分之间实现良性运行和协调发展，才是真正意义上的社会振兴，也就是说，只有当乡村社会的经济、政治、文化、社会、生态文明系统之间以及各系统内部不同部分、不同层次之间的相互促进，乡村社会才是良性运行和协调发展的。因此，乡村振兴着重要解决我国城乡社会发展不平衡、不充分的问题，目标在于实现全面的、系统的发展，实现"产业兴旺、生态宜居、乡风文明、治理有效、生活富裕"，实现我国乡村经济建设、政治建设、文化建设、社会建设和生态文明建设统筹协调发展。由此可见，从社会学的视角看，促进农村社会良性运行和协调发展是乡村振兴的本质。

二、城乡融合发展、实现农村社会的现代化是乡村振兴战略的目标

我国"三农"问题由来已久，尽管"三农"问题连续多年成为中央一号文件的关注对象，尽管学界对"三农"问题有着非常多的研究，但始终没有能取得很大实质性的突破。究其原因，既与农业农村农民发展的独特性特征相关，更与我国长期以来的实施的城乡分治、以城带乡战略相关。中华人民共和国成立成立后，我国确立了优先发展社会主义工业、建立工业化国家的战略，长期实行的农业支持工业、农村支持城市的发展策略逐渐形成了我国城乡分治格局和城乡二元结构。改革开放以来，尽管农村社会也得到长足发展，但在市场化、工业化、城镇化的大潮中，"城乡二元结构"并未得到根本改观，而是在城市社会迅猛发展的同时，农村社会的边缘化地位更加明显，与城市社会的繁荣兴盛相比，农村社会日益显得凋敝和落后，农村青壮年群体加快向城市社会流动，农村土地抛荒、撂荒的现象日益严重，农村经济社会发展缺乏人才，全国各地出现了诸多的"空心村"，留守妇女、留守老人、留守儿童成为农村主要常住人口，进而带来农村民生和社会保障一系列困境。但是，我国的现代化不可能只有城市现代化，不可能所有的农村人口都能转化为城镇人口，广大的农村地区是我国经济社会发展的大有可为之地，阻止农村的持续凋敝衰败、甚至"农民的终结"是中国特色社会主义现代化的必然之路，不是消灭乡村，而是必须振兴乡村，不是城乡二元、城乡分治，而是要走向城乡融合。正如党的十九大报告指出，"没有农业农村的现代化，就没有国家的现代化"。因此，从社会学的视角看，实现城乡融合发展，进而实现农村社会的现代化，是乡村振兴的目标。

三、建设乡村社会共同体，重塑乡村社会公共精神是乡村振兴战略的关键

如前文所述，我们党和政府历来高度重视"三农"问题，并且不遗余力地促进农业农村农民的发展，建立制度、提出战略、出台政策，尤其是在推动农业产业发展、促进农村基础设施建设、保障和改善农村居民的民生等方面，投入了很多资源、下了很大气力，如社会主义新农村建设、新型农村合作医疗制度、美丽乡村建设、农业经营体系建设，等等，虽然都取得了一定效果，但没有从根本上改变城乡格局中农村的弱势地位和城乡发展中农村的相对滞后状况。

从社会学的视角看，乡村社会弱势地位和滞后发展的长期难以改变的局面，与我国农村社会正在发生的一种根本性变革——社会个体化，而我们恰恰忽视了或未能认识到这种正在发生的根本性变革。所谓个体化是指，在社会流动和社会分化日益加速背景下，城乡社会个体逐渐从原来作为其行动框架和制约条件的阶级、单位或集体、社区，甚至家族和家庭中抽离，同时也从所属的抽象集体主义和传统道德规范中解放，日益自由并成为能"自

己决定自己命运"的个体，社会的个体化特征和趋势日益清晰。

整体而言，我国乡村社会个体化大致经历了两个阶段：一是改革开放初期，乡村个体从无所不包的计划经济和全能主义国家中脱嵌；二是 20 世纪 90 年代中期开始乡村个体从所属的集体、家族、家庭甚至亲密关系中脱嵌，个体化之后，越来越多的人成为"为自己而活"和"靠自己而活"的原子化个体。个体化，一方面导致个体面临的是更多不确定性和不安全性困扰，社会风险不断向孤立、孤独的社会个体沉淀；另一方面，导致乡村社会共同体事实上的瓦解和乡村社会公共精神的衰落。乡村的个体化变革所导致的乡村社会共同体和公共精神的瓦解，消弭了乡村社会建设或振兴的社会基础。因此，从社会学视角看，乡村振兴的关键在于能否真正建设好乡村社会共同体、重塑乡村公共精神。

四、改善和保障乡村民生，实现乡村社会"七有"是乡村振兴战略的托底

由于农业现代化程度不高以及比较效益低下，广大农民增收缓慢，这成为掣肘农村居民"生活富裕"的重要因素，在大量青壮年精英农村人口向城市流动的社会背景下，"留守"人群成为农村经济社会发展的主力军，但他们的抗风险能力低，往往容易成为社会弱势人群。同时，由于农村经济社会发展缺乏充足的资源投入，与城市社会发达的社会保障和公共服务水平相比，乡村社会保障水平相对低下，在教育、就业、医疗、住房、养老等民生事业方面保障不足、面临着诸多困境，因学、因病、因残等致贫、返贫现象较多，留守儿童照料、留守老人的赡养均存在着诸多现实困境，成为乡村居民对美好生活向往的重要障碍。乡村振兴，必然内在地包含着广大乡村居民对美好生活的需要和生活富裕的要求。社会保障能在面临失业、疾病、伤害、年老以及家庭成员死亡、薪资中断的情况下为社会成员提供基本生活保障，因此，改善和保障乡村民生是实现乡村振兴的托底机制。

改善和保障乡村民生，具体而言就是要实现党的十九大报告提出的"幼有所育、劳有所得、学有所教、病有所医、老有所养、住有所居、弱有所扶"的"七有"目标，加快农村社会保障体系的完善和保障水平的提高、促进乡村公共服务和公共产品的供给。重点要完善留守儿童的关爱服务体系，加大乡村托幼机构和学前教育机构的投入力度，加快探索建立以居家养老为基础、以社会养老为补充的农村社会养老服务体系、加快城乡医疗保障体系一体化建设提高农村居民医疗保障水平。在此基础上，要结合乡村社会共同体建设，培育和发展农村公益类、慈善类社会组织，对政府民生保障形成有益的补充。

五、创新乡村基层社会治理，实现乡村社会"治理有效"是乡村振兴战略的抓手

乡村治，天下安。创新和加强乡村基层社会治理是乡村振兴战略的重要内容，也是实

现乡村振兴的重要保障。改革开放以来，我国乡村发生了翻天覆地的变化，农村经济得到迅速发展，在此基础上，农村利益格局深刻变动、社会结构深刻转换、农民思想观念深刻变化，乡村社会的深刻变化对原有乡村基层治理体系、治理机制和治理能力提出了新挑战、新要求。

当前，党对乡村的领导有待加强，乡村自治机制有待强化，乡村法治水平、德治水平有待提升，平安乡村建设面临新情况。面对新挑战，实现新要求，关键在于实现更加高效的乡村社会治理，"治理有效"是党的十九大提出的乡村振兴战略目标之一，创新乡村社会治理则是实现"治理有效"的基本手段。"自治""法治""德治""心治"是乡村社会治理的四种重要手段，实现乡村基层社会"治理有效"，就是要推动上述四种治理手段的创新。一是要完善乡村村民自治体系。激发乡村多元自治主体活力，形成包括乡镇党委政府、村委会、家族家庭、村民个人、企业和社会组织在内的多元主体自治体系；构建和完善乡镇党委政府领导的、其他多元自治主体积极参与的有效互动模式；形成制度政策完备、资源供给充足的乡村社会基层多元主体自治机制。二是要加强乡村依法治理体系建设，要通过乡村基层政府学法、信法、懂法，依法决策、依法执法，为乡村社会树立法治权威，要加强基层法律服务机构建设，要推动法制教育全覆盖，既包括基层政府、自治机构，也包括村民，既包括党员干部，也包括普通群众，既包括成年人，更要加强未成年人法制教育。三是要创新乡村德治体系建设，在继承乡村传统道德合理基因的基础上着力推进新时代乡村道德体系的创新，构建与当前乡村社会关系、社会结构相适应的新的道德内容体系，引领新时代乡村道德新风尚。四是要加强乡村心理健康服务体系建设。要根据乡村经济社会发展及利益格局、道德观念变动，完善乡村心理健康服务的内容体系，着力在个体、群体和村庄层面做好心理服务工作；加强心理服务主体建设，依托现有乡村卫生室或者新建乡村心理服务站，加强乡村心理服务主体的培训工作，保证每个建制村能有一名及以上的专职心理服务工作者；要增设政府购买心理类社会组织的服务方式，开展村民心理普查，建立心理疾患的发现、排查、诊断和治疗机制，助力村民心理健康，培养自尊自信、理性平和、积极向上的乡村居民。

第六节　乡村振兴战略下的基层治理

党的十九届四中全会审议通过了《中共中央关于坚持和完善中国特色社会主义制度、推进国家治理体系和治理能力现代化若干重大问题的决定》（以下简称《决定》），全面落实《决定》关于新时代乡村振兴与基层治理现代化的部署要求，探索完善新时代"三农"工作的制度框架和政策体系，需要从重点突破、形成合力、"多点开花"，绘制新时代"三农"工作新蓝图。

一、完善农村经济制度推动农村经济高质量发展

实施乡村振兴战略，要统筹推进农村经济建设、政治建设、文化建设、社会建设、生态文明建设和党的建设，加快推进乡村治理体系和治理能力现代化。乡村振兴，产业振兴是基础，发展农村经济是乡村振兴的重要内容。《决定》明确提出，"深化农村集体产权制度改革，发展农村集体经济，完善农村基本经营制度"。

"实施乡村振兴战略，完善农业农村优先发展和保障国家粮食安全的制度政策"。这是党的十九大之后党中央对乡村振兴战略的再动员、再部署。中华全国供销合作总社理事会副主任邹天敬认为，按照《决定》的决策部署，在大力实施乡村振兴战略、推动基层治理现代化的进程中，需要重点完善农村经济制度和基本经营制度。

北京大学马克思主义学院副院长、教授王在全表示，国家治理体系和治理能力是一个国家的制度和制度执行能力的集中体现，两者相辅相成，坚持社会主义基本经济制度对于推动高质量发展具有重要作用。党的十八届三中全会提出，全面深化改革的总目标是完善和发展中国特色社会主义制度，推进国家治理体系和治理能力现代化。党的十九大明确将"实现国家治理体系和治理能力现代化"作为全面建设社会主义现代化国家的重要内容。党的十九届四中全会指出，中国特色社会主义制度是党和人民在长期实践探索中形成的科学制度体系，我国国家治理的一切工作和活动都是依照中国特色社会主义制度展开，我国国家治理体系和治理能力是中国特色社会主义制度及其执行能力的集中体现。当前，我们正面临百年未有之大变局，机遇与挑战并存。为此，我们必须坚持和完善社会主义市场经济体制，贯彻新发展理念，推进供给侧结构性改革，建设更高水平开放型经济新体制，不断将中国特色社会主义事业推向前进。

湖北省社会科学院原院长、研究员宋亚平认为，要以集体经济助推农村社会治理现代化，突出农村基层党组织在农村全部工作中的战斗堡垒作用。深化农村改革，发展农村经济，促进农村和谐，维护农村稳定，建设社会主义新农村，都需要更好地发挥农村基层党组织的战斗堡垒作用。而决定农村基层党组织功能作用大小与领导班子战斗力强弱的核心要素和根本缘由，其实不仅在村级干部队伍的具体素质，而且在于村级集体经济的整体力量。推进农村社会治理体系与治理能力现代化，属于一项长期而艰巨的历史任务，必须有大量的持续性的财力投入做支撑。

宋亚平还指出，要想把农村社会治理好，就必须不断提升农村社会公共服务的水平与质量。让广大农民群众实实在在地体验到越来越高的获得感、幸福感和安全感，这也是我们党不忘初心、牢记使命的重要内涵。但在实际操作中，每年一万多亿元的涉农财政支出，真正到农村生产第一线和农民群众手中的并不多。一些基本的均等的公共服务长期欠账，提供的方式方法也不尽合理。同时，对于一些微观领域的公共服务与公益事业，国家不可能全部"兜"起来，还得由村级组织依靠集体经济来自力更生。但是，绝大多数行政村的

公共财产早已分干卖尽，使得部分村级组织债台高筑，一些乡村成了名副其实的"空壳村"。以湖北省为例，全省现有 26292 个行政村，负债数为 25503 个，占 97%；村级净债务总额为 55 亿元，平均每村 20.8 万元。虽然国家在农村税费改革之后不断加大对基层财政转移支付的力度，但仍然难以维系村级党组织正常履行职责所必需的运转需求。

在谈到农村基层党组织在发展农村集体经济中的关键作用和引导能力，宋亚平补充到，当前我国各地那些先进的农村党支部与村委会之所以能够充分发挥战斗堡垒作用，努力朝着"领导坚强有力、群众生活富裕、村务管理民主、乡风文明进步、公益服务完善、社会稳定和谐"的目标奋勇前进，其中最为核心的东西就是背后有强大的集体经济力量在支撑。因此，要强化党的基层组织建设，实施振兴乡村战略，推进农村社会治理现代化等各项工作，关键就是积极探索新时期农村集体经济的实现形式和不断发展壮大集体经济力量。

二、发展农村合作经济组织促进城乡融合发展

党的十九大报告指出，要"深化农村集体产权制度改革，保障农民财产权益，壮大集体经济。"农村集体经济组织的运行机制创新，是深化农村集体产权制度改革、保障农民财产资产权益、发展壮大集体经济的基础与保障。邹天敬指出，供销合作社作为我国历史最悠久、覆盖最广泛、体系最完整的为农服务合作经济组织，是党和政府密切联系农民群众的桥梁纽带，要完善以供销合作社为代表的农村合作经济组织，健全城乡融合发展体制机制。

《决定》明确提出，要"完善农村基本经营制度"。邹天敬进一步指出，我国小农生产有几千年的历史，大国小农是我国的基本国情、农情，小规模家庭经营是我国农业的本源性制度。要实现乡村振兴和基层治理现代化，首先，必须坚定不移走中国特色的农业现代化道路。中国特色的农业现代化道路既不能走土地占有严重不平衡的拉美道路，也不能照搬发达国家大规模家庭农场发展模式，而必须是中国特色的适度规模经营之路，既要避免土地撂荒和经营规模过于碎小，又要防止土地过度集中、人为"垒大户"。其次，必须坚定不移地构建中国特色的农业经济体系。我国农业经济体系和其他国家都不一样，是农村集体经济、家庭经济、合作经济、国有经济等组成的具有中国特色的农业经济体系。最后，必须坚定不移地完善农村基本经营制度。要顺应农民保留土地承包权、流转土地经营权的意愿，把土地承包经营权分为承包权和经营权，实现承包权与经营权分置并行。

邹天敬详细论述到供销合作社在促进城乡融合发展中的巨大作用，他认为，我们应该通过乡村振兴，形成城乡融合发展和现代化建设新局面。促进城乡融合发展，既要政策引导和扶持，推动城乡产业规划、基础设施、公共服务一体化，也要发挥各类经济社会组织的作用，引导资金、技术、人才、管理等现代生产要素在城乡之间双向自由流动。乡村产业植根于农村，以农业农村资源为依托，以农民为主体，以一二三产业融合发展为核心，既要适应地域特色，充分发挥乡村资源、生态和文化优势，加快发展特色产业，大力发展

农产品加工业，发展新型服务业，又必须面向市场、沟通城乡、双向流通，才能确保农民提供的产品和服务既能产得出、产得优，也能卖得出、卖得好。比如，农村一二三产业融合不是简单的一产"接二连三"，关键是完善利益联结机制。在这方面，农村合作经济组织集生产主体和服务主体于一身，融普通农户和新型主体于一体，在推动农村一二三产业融合，组织带领农民千家万户小生产联结城乡千变万化大市场等方面，具有天然优势。

三、实施乡村振兴战略保证乡村教育先行

实施乡村振兴战略，就要优先发展农村教育事业；发展乡村教育，是乡村振兴战略的重要支点。实施乡村振兴战略，就必须发展乡村教育、振兴乡村文化，培育新时代乡村文化新氛围。新东方教育科技集团董事长、洪泰基金联合创始人俞敏洪认为，乡村振兴，教育先行，当下推动乡村教育进一步发展需要关注乡村学校教育和农村家庭教育两个方面。

优先发展乡村教育，就要认真落实好《乡村振兴战略规划（2018－2022年）》，要办好服务"三农"的乡村学校。在提升乡村学校教育方面，俞敏洪指出了三个亟待解决的问题。第一个问题是优质教育资源的引进。通过"互联网＋教育""AI＋教育"，农村孩子可以实时地享受到与城市孩子一样的优质教育资源，也可以获得非常好的教学体验。2016年开始，新东方就通过开展"双师课堂"模式，积极推进教育资源均衡。2017年还联手好未来出资一亿元发起成立"情系远山公益基金会"。第二个问题是师资问题。发展乡村教育，教师是关键，必须把乡村教师队伍建设摆在优先发展的战略地位。城市教师对于乡村学生习惯的培养、品格的养成发挥作用是有限的，问题是我们怎么培养、引进优秀的乡村教师，并留住他们。因此，应提高乡村教师工资待遇，让农村教师岗位有更大的现实吸引力；制订促进乡村教师成长的顶层规划，让乡村教师成为有前景的职业，提升乡村教师的职业认同感荣誉感；给乡村教师创造更多接受培训和提升能力的机会。此外，还应向有实力的社会资源敞开大门。2008年，新东方就与民盟中央发起"烛光行动——新东方教师社会责任行"公益活动。第三个问题是乡村学校教育需注重全人教育，促进孩子全面成长。乡村学校校长、教师需要有让孩子全面发展的意识，去培养孩子的品格、品德，提升他们的思维能力、审美能力，开拓他们的视野，而不只是应试。社会各界，比如教育领域的一些培训公司，也应定期为乡村学校孩子开设一些公益课程。

在家庭教育方面，应该尽量让孩子和父母在一起，这在很多时候比学校教育还要重要。父母在孩子成长中的缺位，会对孩子的情感发展、性格养成、心理健康等造成负面影响。国家可通过产业调整和教育政策调整去解决留守儿童问题；多向在外打工的父母宣传家庭教育的重要性，同时给予一定的政策支持，让他们更容易将孩子带在身边。新东方近期开展的公益活动"我的大朋友——新东方乡村儿童一对一助学计划"就是一个好的探索。总之，乡村教育离不开政府、高校、科研机构、企业等多方主体的关注和支持，唯有结合地方实际、实现资源整合、发挥各自优势，才能促进乡村教育发展、助力乡村振兴实现。

四、以推进基层治理现代化书写"三农"新篇章

《决定》明确指出，"构建基层社会治理新格局……健全党组织领导的自治、法治、德治相结合的城乡基层治理体系"。实施乡村振兴战略，生态宜居是关键，乡风文明是保障，治理有效是基础。邹天敬认为，实施乡村振兴战略，不能光看农民口袋里的票子有多少，更要看农民的精神风貌怎么样，乡村人居环境、社会文明程度和基层治理水平怎么样。要以党的领导统揽全局，以社会主义核心价值观为引领，坚持教育引导、实践养成、制度保障三管齐下，以法治"定纷止争"、以德治"春风化雨"、以自治"消化矛盾"，注重采取符合农村特点的有效方式，既要注重运用现代化治理理念和方式，更要注重发挥农村传统治理资源的作用，通过健全乡村管理和服务机制，发挥群团组织、社会组织和合作经济组织、经营服务组织的作用，发挥行业商会的自律功能，让农村社会既充满活力又和谐有序。在这方面，农村合作经济组织具有联系农民、服务自我的独特功能和优势。按照国际合作社联盟对合作社的定义，合作社是人们自愿联合、通过共同所有和民主管理的企业，来满足共同的经济、社会与文化需求的自治组织。

中国社会科学院学部委员、原工经所所长吕政认为，乡村治理必须聚焦两个关键核心问题。首先，要坚持党的领导。党的十九届四中全会明确指出，"必须坚持党政军民学、东西南北中，党是领导一切的"。村民自治是党的领导下的自治。实践证明，凡是脱离或削弱党领导的地方，乡村权力就有可能被金钱势力、黑恶势力把持和操纵。如果脱离党的领导，那些所谓依靠"乡贤""能人"等实行乡村治理的主张，将会使乡村权力成为少数人谋取私利的工具。中国共产党在成立近 100 年的时间里，领导中国人民实现了民族独立和解放，进行了社会主义建设和改革开放，推动了社会的进步和中国的发展，取得了巨大的成就。中国共产党坚持马克思主义与具体国情相结合的中国特色社会主义道路，符合时代发展的客观要求；中国共产党具有严明的政治纪律、组织纪律以及完善的党内监督机制、群众监督机制，不断地清除违背党的宗旨、危害人民利益的腐败分子，保持党的纯洁性。因此，必须坚持党的领导。其次，要坚持制度自信。要真正认识到中国特色社会主义理论、中国特色社会主义制度以及中国特色社会主义道路遵循当代中国经济社会发展的客观规律，代表中国最广大人民的根本利益，为国家的长治久安和经济社会的不断发展提供可靠保证，是引领中国走向繁荣富强的必由之路以及不二选择。当前，有一种观点认为，深化农村经济体制改革、解决深层次的矛盾，就应当实行土地私有化，实现耕者有其田。这种主张将颠覆我国以公有制为主体的社会主义所有制的基础，是错误的主张。土地私有化会导致大多数农民失去土地，因为私人资本会到农村并购土地，形成新的地主阶级，加剧农村的两极分化。我国实行农村土地集体所有制，使得农民拥有长期承包权、经营权和土地流转权。这保证了广大农民的根本利益，促进了农村生产力的发展，维护了社会的公平与正义，是实现乡村有效治理的经济基础。

习近平总书记强调，"坚持依法治国和以德治国相结合，就要重视发挥道德的教化作用"。国家治理是一个系统工程，而基层治理是大厦之基，更需德法共治、以德为先。福建省莆田市湄洲湾北岸党工委书记林修岚认为，筑牢基层治理根基，需要德法共治、以德为先。

乡村振兴、基层治理的客体是民众，主体是地方政府，特别是区县一级政府，因此，应坚持引导、教化、干预等多措并举，让德治在基层开花结果。首先，政府有为引导是关键。长期以来，基层治理中官治与自治并存，但起主导作用的仍是政府。敦化民风是一个长期的过程，需要政府不断发力、久久为功。其次，传承中华优秀传统文化是灵魂。中华文明博大精深、经久不衰，从先秦诸子的百家争鸣到唐诗宋词的独领风骚，为世人留下了无比珍贵的文化瑰宝。因此，在推进乡村治理的过程中，我们应把尊师孝亲、勤俭节约、务实奋进等中华优秀传统文化思想落实到现实生活中。再次，发动人民群众参与是根本。人民群众是推进基层治理的重要力量。实践证明，每一项德治的举措只有获得人民群众的支持和拥护，才能够顺利推行、取得成效。因此，基层治理的具体工作要善于听取各方意见，尤其是人民群众的意见。最后，强化制度安排是保障。定型的制度是基层治理的重要保障，因此，要找准基层治理的痛点"下药"，针对基层治理的难点"立规矩"。建章立制只有有的放矢，才能确保每一项制度都"一针见血"，基层治理的各项措施才能落地生根。

坚持和完善中国特色的社会主义制度、推进国家治理体系和治理能力现代化，是一项重大的系统工程，需要全党全社会共同努力。实施乡村振兴战略，我们要时刻牢记乡村振兴战略的总目标，紧紧把握农业农村优先发展的总方针，严格落实乡村振兴的总要求，建立健全城乡融合发展体制机制和政策体系，努力实现乡村充分发展、乡村治理有序。实施乡村振兴战略，必须深入理解乡村振兴战略的总要求，把落实农业农村优先发展的要求，作为做好"三农"工作的头等大事。发展农村集体经济，需要不断坚持和完善农村经济制度，发展农村合作经济组织，奋力实现新时代农村经济高质量发展，促进城乡融合发展。大力发展乡村教育，促进完善城乡公共文化服务体系，优化乡村文化教育资源配置，涵养新时代乡风文明，夯实基层治理现代化的文化根基，奋力写好"三农"新篇章。

第二章 乡村振兴战略下农村转型发展

第一节 乡村振兴背景下农村治理困境与转型

乡村振兴背景下推进农村治理转型对于提升村民的参与程度，促进政府职能转变和农村经济发展具有重要作用。然而，当前我国农村治理仍存在治理结构不科学、村民参与度低、公共服务供给失衡等困境。因此应多措并举完善农村治理结构，推进农村治理转型。

随着社会经济的不断发展和社会生产力水平的进一步提升，农村经济呈现出迅猛的发展趋势，农民的生活水平不断提升。但现阶段，在农村治理过程中，仍存在治理结构不科学、村民参与程度低、公共服务供给失衡等问题，对农村的经济发展形成制约。因此，探究乡村振兴背景下农村治理转型对策，对推动农村更好的发展具有十分重要的现实意义。

一、推进农村治理转型是实现乡村振兴的战略需要

加强农村治理有利于建设和谐社会。党的十九大报告指出，应统筹城乡发展格局，充分利用城市的辐射带动作用，推进农村的经济发展。基于农村振兴的大背景，农村经济的发展为农村治理模式提供了新的发展思路，可见农村治理和农村经济发展具有一致性。推进农村治理转型，不仅是农村治理的一次新的尝试，更能够满足村民的公共服务需求，有效提升农村治理水平。

推进农村治理转型有利于促进政府职能转变。党的十九大对完善农村公共服务改革提出了更高的要求。完善农村基础设施建设，优化农村公共服务水平是提升农村发展水平的重要举措。因此，政府应不断转变角色定位，建设服务型政府，促进资源的优化配置，缩小城乡在公共服务方面的差距，提升农村的公共服务水平。

提高农村治理水平有利于推动农村经济发展。农村的和谐与国家发展稳定息息相关。若不能妥善解决农村的社会矛盾，充分保障农民的合法权益，会导致农村群体性事件频发，不利于维持社会秩序的稳定。因此，农村治理过程中应对农村的发展问题进行深入分析，总结农村发展的经验和教训，为农村治理的转型提供科学的参考依据。

二、农村治理工作存在治理结构不科学、村民参与度低等困境

治理结构不科学。第一，现阶段农村治理工作存在治理结构失衡的问题，基层政府部门大权独揽，各个部门均受政府的统一管理，不仅加剧了政府部门的管理负担，同时也不利于提升村民自治的民主性和科学性。第二，农村的治理制度不完善是制约农村发展水平提升的关键。随着农村人口结构和生活方式的转变，如果农村的治理制度不能与时俱进，则会使农村矛盾的解决缺乏有力的制度保障，不利于维护社会的稳定。第三，民间组织是农村治理的主体，在维持农村和谐稳定发展方面发挥着重要作用。但现阶段，我国农村民间组织的发展相对落后，民间组织的数量相对较少，无法充分发挥民间组织参与农村公共事务方面的优势，不利于提升村民自治水平。

村民参与程度低。第一，受传统小农经济的影响，村民参与自治的意识较为薄弱，缺乏民主协商的意识，参与公共事务的愿望较低。第二，由于大部分农民的收入水平较低，为了提升自身的生活水平，部分农民选择进城务工，不能够及时回乡参与社会改革。第三，沟通渠道不畅通限制了村民对公共事务的参与程度。部分基层干部的民主意识薄弱，不能认真听取村民意见，无法为村民表达自身意见和建议提供良好的平台，降低了村民参与农村治理的积极性。

公共服务供给失衡。第一，部分基层干部服务意识较差，官本位思想较为浓厚，不能充分倾听并满足村民的需求，针对村民间的矛盾纠纷，不能及时采取有效的处理措施，压制村民的上访行为，采用暴力手段推进农村的拆迁工作，降低了农村公共服务的水平。第二，农村基础设施建设的资金投入不足，基础设施建设落后，尽管国家制订了移动支付政策，但仍不能有效解决农村基础设施建设经费短缺的问题。第三，目前，农村基层政府未能建立完善的供给决策机制，不能合理配置农村的社会资源，对农村治理的民主化产生了不利影响。

三、完善农村治理的组织架构，全面提升农村治理水平

完善农村治理的组织架构。第一，农村基层政府应明确自身的角色定位，不断改进治理方法，通过增强村民的参与度，转变政府职能，构建涵盖村民、社区党组织和民间组织的治理主体，为农村治理模式的良性发展奠定良好的前提和基础。同时，农村基层政府应合理划分权力和职责，促使民间组织辅助社会公益性工作，由社区党组织对村民自治活动进行引导和监督，推行民主选举、民主管理、民主决策和民主监督制度，提升村民对农村治理的参与程度。第二，农村基层政府应建立健全相关制度。完善村民议事会议制度、选举制度、财务管理制度，充分保障村民的合法权益。第三，政府应始终坚持"政社分开"的宗旨，提升民间组织的地位，充分发挥民间组织在管理过程中的效力，同时，民间组织也应不断完善自身组织建设，提升农村管理的实效性。

提升村民的参与程度。第一，农村基层政府应着力提升农村村民的参与意识，开展多样性的社区活动，建立在对村民的兴趣爱好深入了解的基础上，鼓励村民树立共同的生活观念，提升村民对农村治理的认同感。同时，应充分发挥民间组织的作用，建设具有区域特色的社区文化，提升农村的整体凝聚力，打好农村治理的良好基础。第二，农村基层政府应将提升村民的经济收入和生活水平放在首要位置，合理调整农村的产业结构，在市场调研基础上，对产业结构调整的可行性进行论证，加大对龙头产业的扶持力度，促进农村产业的长远发展。第三，建立畅通的参与渠道能够为村民发表意见和建议提供良好的平台，有利于提升农村治理的民主性。农村基层政府为了促进村民自治的充分落实，应积极吸收和借鉴发达地区的经验，组织专业人士、村民代表对农民的意见和建议进行审查和讨论，为农村治理的科学性提供保证。

完善公共服务。第一，农村基层政府应充分认识到自身的职能和责任，不断转换角色定位，建设服务型政府。现阶段，我国农村的社会资源存在配置不合理的问题，城乡公共服务差距较为悬殊，无法提升村民的幸福感，不利于提升农村治理的质量和水平。因此，政府应始终坚持以人为本，实行政府信息公开制度，加强社会民众和媒体舆论的监督，确保政府工作的透明化。第二，农村基层政府应加大对农村公共服务基础设施的投入力度，通过加强信贷支持和减免审批费用的方式，增加对公共服务设施的资金投入力度。同时，政府应建立健全集体用地有偿使用制度，将获得的资金用于农村基础设施建设，充分挖掘农村集体用地潜力。此外，政府还应多渠道吸引社会资金，通过个人捐赠、投资和参股的方式争取基础设施建设的资金。第三，农村基层政府应强化公共服务职能，成立农村公共服务中心，全面提升农村公共服务的水平。

第二节　"互联网+"提速农村转型 助力乡村振兴

近年来，我国不断加速推进"互联网+农业"的融合发展，"加"出了新的生产方式、新的农村业态、新的发展动能，农业物联网、农产品电商、智慧农业等方面均取得了跨越式的发展。"互联网+"正推动着我国传统农业向现代农业加速转型，物联网加持让农业生产更加智慧。

一、断开创出乡村振兴发展的新局面

当前，现代信息技术在农业生产中的应用不断深入，"互联网+"正改变着传统农业的作业方式，让农民生产变得更加高效、更加科学。

河北省饶阳县的现代农业园区，将自动滴灌、远程数据采集、智能电力温控等技术应用到日常的生产当中，园区的农民通过手机便可以操控降温水帘墙，可以精准的控制温度，有利于农作物生长；通过手机，还能够精准地控制自动浇灌系统，不仅节约了用水量，还节省了大量的人力。

卫星导航技术的应用，让收割变得更加轻松自如。浙江温岭农林局推出了装配有北斗卫星定位导航系统的收割机，农民可以利用卫星定位来进行收割作业，收割了多少面积、收割机有没有走"歪"，通过手机便可实时掌握。收割机上的摄像头可以将画面实时传送到手机上，让农民可以对收割机实时监控。

物联网技术带来的农业变革，远不止这些。根据资料显示，近年来，农业农村部先后组织了九个省开展农业物联网区域试验，共发布了 426 项节本增效农业物联网产品技术和应用模式，今年还成功发射了首颗农业高分卫星。

物联网技术正在改变着传统农业的生产作业方式，快速推动着我国农业种植向现代化、智能化方向发展。

二、电商进农村农产品销售升级换挡

以往，由于农民无法第一时间掌握市场需求信息，无法对市场进行预判，再加上流通环节比较复杂，使得农产品的价格不透明，市场的价格很高，但农民卖的价格却很低，无法赚到应有的利润。

电子商务正在逐渐改变这种困境，农产品的销售变得更加便捷。在各地方政府的指导和支持下，通过国内大型的电商平台，构建了农产品的一站式商务平台，实现了农户与客户的无缝对接，不仅帮农民解决了销售、物流等问题，还帮助农民实现农产品的标准化、规模化、品牌化生产。

根据农业农村部资料显示，2017 年底，电子商务进农村综合示范已累计支持了 756 个县，农村网络零售额达到 1.2 万亿元，农产品网络销售额达 2400 亿元，同比增长 53.3%。据相关数据显示，过去三年，全国 832 个国家级贫困县仅在阿里平台就实现了超 900 亿元的网络销售额，其中，贫困县卖家卖出超 15 亿件商品，共有超过 5500 万的消费者网购了贫困县的农产品。

农村电子商务的飞速发展，让生产端和市场端需求精准匹配，缩减了流通渠道，让偏远地区优质绿色农产品走出深山，走向全国市场。

对于农民来说，他们不仅需要资金的扶持，更需要现代互联网科技的加持。在我国实施乡村振兴的战略背景下，"互联网 +"对于农业现代化发展起到了非常积极的作用，"互联网 +"让农业摆脱了传统的束缚，变得更加高效便捷，"互联网 +"为新时代的乡村振兴再添新的助力。

三、湖南双峰县：发展农民合作社 1567 家

"我将 0.267 公顷稻田入股合作社，去年仅分红和务工收入就有 2.5 万元。"8 月 19 日，

湖南双峰县三塘铺镇相思村贫困户邓银钦说。通过悉心培育，双峰县已发展农民专业合作社 1567 家，入社农户 6 万户，流转稻田 27333 公顷，合作社成为农民致富的"聚宝盆"。

双峰县以发展农民专业合作社为突破口，引导农户以土地入股合作社，推广适度规模经营。该县出台扶持农民专业合作社发展计划，对合作社的管理制度、成员注资、产业扶贫专账等方面进行精细化指导，实现规范化管理和特色化经营；成立农村土地承包经营流转工作小组和农村土地承包经营纠纷仲裁委员会，及时调处和化解土地流转中的矛盾纠纷。同时，该县设立粮食生产发展基金，县财政每年投入 800 万元，用于种粮大户、农机大户和农民专业合作社的奖励扶持。

四、陕西留坝县：首家村级股份合作社成立

陕西留坝县在推进农村"三变"改革和集体产权制度改革工作中，积极探索创新扶贫模式。在扶贫互助合作社的基础上进一步推行"村社合一"，以激活农村各类资源要素，推动村集体和农民群众抱团发展，有效助推脱贫攻坚。

日前，留坝县玉皇庙镇两河口村村支书黄开成拿到了农村集体经济组织登记证，标志着两河口村全体农民摇身成为合作社股东。

前期，两河口村通过宣传动员、清产核资、成员界定、股权量化、制定章程、选举机构、注册登记等程序，在全县率先完成了农村集体产权制度改革所有工作，成立了该县首个股份经济合作社，成为留坝县"股改第一村"。村级股份经济合作社是将原村集体资产量化到人，组建成的新型股份合作经济组织。资产属合作社集体所有，实行自主经营、自负盈亏、独立核算、民主管理，入股农户可以享受到村集体资产的分红、表决等权益。据悉，今年留坝县将重点加快开展 32 个拟退出贫困村的农村集体产权制度改革工作，壮大村级产业发展的内生动力。

五、"富民贷"绽开葱花花

"秋风一吹花盛开，小香葱种植真不赖。咱老百姓跟上发了财，葱花花飘香惹人爱。"山西省忻州市五台县豆村镇西营村"保卫"苗木种植专业合作社的社员们，一边收割小香葱，一边自编自唱。大伙儿自从得到五台农商银行支持的"富民贷"30 万元，又自筹 120 万元，租赁土地种植小香葱 10.7 公顷，就发财了。2018 年已产 4 茬 24 万公斤，收入 48 万元。到"霜降"前还可收割 1 茬，收入 12 万元。产品直销右玉县图远实业有限公司，冻干后销往德国。

六、返乡带火"新渔村" 荒溪沟变"聚宝盆"

走进位于四川省泸州市江阳区丹林镇的丹松村，只见一个个小山包上或种满蔬菜，或

栽满花卉果木；小山包之间，一块块由稻田改造的鱼塘碧波荡漾，鱼儿不时跃出水面，成为一道亮丽的风景线。而眼前的这一幕，可离不开返乡农民工张子华的功劳。

张子华16岁外出打工，在历经多年拼搏后，返乡前早已是昆明一建筑工地200多工人的"班长"，每月收入当时就超8000元。"在建筑工地虽收入高些，但始终觉得自己是无根的浮萍，没有稳定感。"

2006年10月，35岁的张子华结束了在外近20年打工生活回到自己家乡丹松村，放弃了都市生活的他，认准了村里的一条小溪沟蕴藏着巨大的"财富"。张子华说，当他回家看到村里的那条小溪依然荒芜没有得到利用时，他就萌生将小溪改造成河塘的想法，并得到了区水务局专家的支持。于是，在回家几天后，他就拿出积攒多年的积蓄，将这条小溪及周边近6.67公顷坡地以33.3克/公顷黄谷租用了下来，着手修建河堤拦水养鱼。

为了确保蓄水后的拦河堤能经得起山洪的考验，张子华在筑拦河堤时，在江阳区水利专家的现场指导下，从河堤的宽度和溢洪道的流量进行科学规划设计，确保河堤万无一失。2006年12月，经过两个月的紧张施工，总投资35万的拦河堤建成。随后，就蓄水并投放武昌鱼、江团、岩鲤、黄辣丁等10多个鱼种的鱼苗，开始了自己的流水养鱼之路。张子华告诉笔者，这种流水养鱼由于是长年活水饲养，虽然饲养管理一样不少，但依旧长得慢，近6.67公顷的水面一年下来鱼的产量只有5万公斤，但鱼质相当好，味道十分鲜美。而也正因为鱼的品质好，张子华的溪沟鱼从2007年底开始上市以来，就没有愁过销路。2010年开始，张子华的溪沟流水鱼又开始对外放钓，尽管他的放钓价格比市场上同类鱼高出2元/公斤，但因是流水饲养，水面上也不喂鸭子，吸引众多城里人前来垂钓。现在每天少则几人，双休日一般都有二三十人，每年仅垂钓者从塘里钓走的鱼就超过2万斤。张子华就靠着他的"溪沟鱼"，每年都有20多万元的净利！

靠着拦溪养鱼一年也能有20多万元的收入，这在村民看来简直不可思议。看到成果的丹松村民，纷纷自掏腰包将适合建成鱼塘的稻田全部挖成了一口口碧波荡漾的鱼塘，目前全村的鱼塘水面已经超过了66.7公顷。

"虽然是生态饲养，分散的个体经营难以抵御市场风险。"张子华认为。为此，2013年，张子华就联合全村60多家村民，成立了"江阳区丹松村生态水产养殖专业合作社"，自己担任理事长，让广大养殖户有了自己的"家"。

"自村里组建起了生态鱼养殖合作社后，日常管理有人指导，销售更是不用社员操心，水产养殖收入让社员芝麻开花节节高。"张子华高兴地说道。为确保社员养殖收益，张子华除收集整理各种水产品养殖信息、开展技术培训外，他还自费到成都、重庆等地考察市场，拓宽销售渠道，统一购进鱼苗、采购优质鱼饲料和引进新品种，统一销售成鱼。同时，为了让合作社的生态鱼在市场上牢牢占有一席之地，近两年张子华除自己培育名优鱼，还从外面引进新品鱼苗试验饲养，做到人无我有，人有我优。

在合作社社员的鱼塘里，"黄辣丁""胭脂鱼"只能算普通鱼种，而经过几年的精心培育，市场售价达300元每斤的"岩鲤"已投放市场。而丹松村，近几年靠着每年销售50万斤左右的生态鱼，一举成为江阳区响当当的"新渔村"。

在张子华的引领下，养殖户一改以往的鱼鸭混养模式，全部实行白水养殖。"白水养殖，看似少了鸭子的收入，但生态鱼的价格却比至少是鱼鸭混养的 2 倍。"张子华说，丹松村的鱼儿除牢牢占据泸州市场外，还走俏成都、重庆、贵阳、昆明等市场。今年前六个月，丹松村养鱼农户依靠合作社就实现渔业收入近七万元。

第三节　推进农村商业银行转型 提高服务乡村振兴能力

自我国经济步入新常态以来，利率市场化明显加快，加上互联网金融的崛起以及普惠金融、社区金融的兴起，农商银行传统的利差空间收窄，面临的经济形势、行业竞争态势和客户群体都发生了显著变化，对银行传统盈利模式产生了冲击，农村商业银行转型迫在眉睫，亟需紧抓国家大力实施乡村振兴战略的机遇，推进差异化的特色改革，强化金融服务方式创新，提高服务乡村振兴的能力和水平。

一、农村商业银行转型存在的瓶颈

农商行由农信社改制而成，在产权状况、经营管理水平、人员素质、内部管理、科技和业务创新等方面存在诸多问题。与国有和股份制银行存在较大差距，竞争能力先天不足。虽然有些农信社当时达到了组建农商行的条件，但就目前的发展来看，仍不尽如人意，包括上市的张家港、常熟、吴江、江阴、无锡五家农商行也存在营业收入下滑、不良贷款率反弹等情况，非上市的农商行情况就更加复杂。

（一）网点定位不明确，产品缺乏竞争力

一方面，农商行网点遍布城乡，"大而全、小而全"，数量上虽然占据优势，但是存在网点定位不够明确的问题，在客户竞争中不具备优势。面面俱到的分布格局，导致资源的浪费。尤其在城区和城乡接合部，没有根据当地金融需求特点在保证基本结算服务的基础上设立特色网点；另一方面，农商行的零售产品单一，跟不上市场的需求，不能满足客户的特色需要，相比其他银行无吸引客户的优势。

（二）软硬件系统不完善

农商行都是在近几年由农信社转型而来，挂牌成立时间较晚，发展时间较短，在软硬件系统上与其他商业银行都存在较大差距，虽然各省联社和法人主体对自身硬件设施都进行了更新换代，但是较目前同业的科技水平还是存在不小差距，在科技人才、技术和资金方面还需要加大投入。同时，业务手续复杂，效率低下，业务凭证多，填写内容多，特别是办理多项业务时，需要反复填写同样的信息，反复签字、输入密码等，柜员效率低，客户满意度下降，这也是导致客户流失的一个重要原因。

（三）营销架构不配套，绩效考核不科学

农商行旧有的营销架构，没有配套措施，造成营销架构运行效果不明显。基层网点负责所有的营销，尤其是公司类贷款没有上收，公司类营销存在盲目性，缺乏科学性。另外，考核机制没有彻底打破大锅饭，岗位设置上缺乏科学性，考核存在平均主义。农商行服务区域广，地域差异性大，城区、农区和郊区网点都有分布，但是在考核上却是一刀切，并没有根据不同地域特点分别设定考核细则，考核方法不科学在一定程度上打击了职工的积极性。

（四）客户管理不到位，营销能力有待提升

存款客户和贷款客户结构符合二八定律，但业务经营并没有把80%的资源向20%的客户做倾斜配置，由于系统对客户管理存在技术障碍，营销人员对高贡献度客户不能有效识别，维护和营销形同虚设。服务方式粗放、简单、随意、落后的现象普遍存在，标准化、专业化、现代化水平低下的问题亟待解决。

二、农村商业银行转型的思路

（一）坚持"支农支小"市场定位

农商行经过60多年的发展，逐渐成长为农村金融主力军，服务"三农"、服务"小微"、服务"社区"，形成了自己独特的市场范围，这是农商行的主阵地、大后方，是战略底线，要毫不动摇地坚持。党中央提出乡村振兴战略，今后推动农村发展，农业现代化和农民收入增加，农商行必将大有可为。作为城市的农商行，服务辖区包括城区、郊区和农区，市场呈现多元化，服务范围更广泛。农商行在制订战略规划时，一方面要坚持自己的主战场不动摇，始终把农村市场作为根据地，继续把服务"三农"摆到更加重要的位置，乘着乡村振兴的东风，在扶持"三农"上做文章，不断壮大自己；另一方面，要学会"两条腿走路"，积极拓展金融资源最为集中的城区市场，探索一条城区农商行发展的有效路径。把城区和农区两个市场都做好，实现城区市场特色化、精细化，农区市场主导化、规模化，实现两个市场互为促进和补充，不断提升发展速度，增强发展实力。

（二）坚持以客户为中心

一是坚持以"客户为中心"的市场定位。在支持农户传统生产消费需求的基础上，重点支持家庭农场、种养大户、农民专业合作社等新兴农业经营主体发展壮大，以点带面，支持"合作社＋农户"模式，全心服务、贴心服务、真心服务，做"三农"发展的坚强金融后盾；坚持支持小微企业的发展定位，落实中央金融支持实体经济的政策，充分发挥自身政策灵活、决策链条短的优势，深入企业园区、总部基地，调查企业金融需求，制订金融服务方案；立足社区，深耕社区，以社区网点为依托，在充分调查研究的基础上，根据社区特点设定特色服务，形成多渠道、全覆盖、立体化的服务体系。二是推动以"客户为

中心"的服务转型。没有客户，就没有农商行的未来。要积极落实以"客户为中心"的服务理念、优化网点布局、升级营销服务、完善内部管理。围绕客户开展转型服务，内部优化完善客户服务组织架构和工作流程，外部响应客户需求，设计产品以客户需求为导向，以提升客户服务体验和增强客户满足感为服务转型目标。三是建设"以客户为中心"的品牌银行。借鉴他行经验，结合实际，做好企业品牌形象的整体规划，将市场特色和客户特色融入品牌设计中来，形成自己的特色品牌，以品牌塑形象，以品牌促发展。

（三）再造银行业务流程，倡导合规文化

要持续推进流程银行建设，通过梳理业务流程、管理流程和再造组织架构，进一步强化集约化经营、精细化管理和全面风险管理等流程银行建设理念，使之成为解决农商行经营风险的重要抓手。一是全面落实法人治理结构。加强和明确"三会一层"的权限和职责，构建规范合法合理的组织架构，落实各自职能，构建相互协调和制衡的治理结构，确保"三会一层"的有效运作和制衡作用得以充分发挥，为农商行的发展提供有效地组织保证。二是全面推进风险管理体系建设。通过全面评估各条线风险水平，倡导全覆盖无缝隙风险管理理念，完善风险管理运行机制，重构风险控制流程，确保风险控制覆盖所有业务和管理活动，不断提高员工风险防范意识，倡导合规文化，形成有规可依，有规必依，违规必处的良好氛围。

（四）加快科技创新和互联网金融发展

农商行由于法人主体以县域一级为主，科技投入力度有限，研发水平滞后，互联网金融和移动金融发展缓慢，制约了拓展客户空间。农商行要巩固现有的市场份额，进一步抓住年轻人客户群，就必须加大科技投入和创新，将线上和线下协调发展，依靠大数据获客，发展微信银行、移动金融、互联网金融。健全和完善存量数据，拓展新增数据，实现以客户为中心，以营销为引导，提高客户识别和分类，便于营销人员营销。以微信银行、移动办贷为切入点，加强互联网金融建设，加大风险防控力度，缩短审批流程，提高客户体验，真正把农商行办成百姓银行，让农商行的金融触角延伸到各个角落，实现金融服务无缝覆盖。

（五）实施外部引进和内部培养人才战略

随着科技和金融的融合发展，人才对于银行来说是未来制胜的法宝。尤其是科技和金融的复合型人才，对于银行业未来科技水平、金融产品创新等的发展至关重要。在复杂的经济形势和市场竞争环境下，要将"以人为本"的理念深入人心，通过培养提拔内部员工和招揽外部优秀人才的方式壮大人力资源队伍，提升金融服务水平，推动农商行不断发展壮大。

第四节　乡村振兴战略下我国农村职业教育的战略转型

乡村振兴战略对传统农村职业教育提出了新的时代使命和同步转型升级提质的迫切需要。新形势下农村职业教育要改革与发展，必须精准对接乡村振兴各领域、全要素需求，为乡村振兴提供全方位、多功能服务。要实现这一目标，必须突破思维理念禁锢、办学功能缺陷、办学机制单一、法制供给不足等现实困境，确立面向农村的发展观、城乡融合的新理念、供给侧改革的新思路，完善多元投入机制、加强师资队伍建设，创新多元办学模式、完善农村职业教育网络体系，发挥政府"元治理"作用、构建多元协同机制，推动农村职业教育转型发展，进而从根本上保障乡村振兴战略的顺利实施。

党的十九大作出实施乡村振兴的重大战略决策，吹响了决胜全面建成小康社会的号角，也发出了中国职教建设的新动员令《中共中央国务院关于实施乡村振兴战略的意见》提出："实施乡村振兴，必须要优先发展农村教育事业，大力加强职业教育与培训。"然而，与当前党和政府高度重视职业教育形成鲜明对比的是，作为职业教育的重要组成部分，农村职业教育正戴着"弱势教育""低级教育"的标签，游走在正统教育体制的边缘，发展不平衡不充分与农村经济社会发展需求之间的矛盾突出，尚未充分发挥其应有的功能和作用。农村职业教育是我国国民教育体系的重要组成部分和一种独特类型，其功能定位和价值取向直接指向农村经济社会发展，与"三农"联系最为紧密、贡献最为直接，在农村经济社会发展中具有独特的、不可替代的功能和优势。在乡村振兴背景下，农村职业教育如何契合新时代"三农"新情况、新需求，实现转型升级提质，是迫切需要理论回答和实践解决的重难点问题。

一、乡村振兴战略下农村职业教育转型的逻辑必然

相比于党的十六届五中全会建设"生产发展、生活富裕、乡风文明、村容整洁、管理民主"的社会主义新农村的要求，党的十九大"产业兴旺、生态宜居、乡风文明、治理有效、生活富裕"的乡村振兴的总要求内涵更加丰富，不仅包含经济、社会和文化振兴，而且包含治理体系创新和生态文明进步，是社会主义新农村建设的整体升级。这一变化对传统农村职业教育提出了新的时代使命和同步转型升级的迫切需要。

（一）乡村振兴迫切需要农村职业教育优化专业结构、提高产教融合的匹配度

产业振兴是乡村振兴的首要任务。要实现产业兴旺，一方面，迫切需要推动传统农业转型升级，紧紧围绕县域主导产业、特色产业和现代农业，大力开发农业多种功能，延长产业链、提升价值链、完善利益链，建设现代农业体系；另一方面，迫切需要培育发展一

批农村新产业、新业态、新模式，发展乡村共享经济、创意农业、特色文化产业、乡村旅游产业，构建乡村一、二、三产业融合发展体系。这就需要农村职业教育围绕农业产业调整转型升级，打造精准服务现代农业和农村发展的涉农专业集群，助推一、二、三产业融合，支撑农村新产业新业态发展。然而，当前我国农村职业教育体系基本上是改革开放初期适应农业体制改革和中等教育结构调整需要建立和发展起来的，满足传统的农、林、牧专业人才需求设置，却难以适应乡村振兴建设现代农业体系促进一、二、三产业融合发展的新需求。因此，不尽快调整优化农村职业教育专业结构，就不可能真正实现产业振兴对各类涉农人才的多元化需要，必然会制约产业振兴的质量和速度。

（二）乡村振兴迫切要求农村职业教育调整人才培养目标、培养新型职业农民

乡村振兴的关键在于人才振兴。从乡村振兴对各类乡村人才的需求来看，涉农人才培养供给侧和农业产业需求侧在结构、质量、水平上矛盾突出。乡村振兴既要培养造就一支懂农业、爱农村、爱农民的"三农"工作队伍，也要培养大批有文化、懂技术、会经营的新型职业农民。未来的涉农职业教育不再仅面向单一的种植、养殖、加工、营销等行业，培养的人才也必须具有系统化的知识结构和综合化的能力结构。这便要求农村职业教育根据新时代农村经济社会发展对各类乡村人才类型与结构、能力与素质的要求，调整人才培养目标，从原来主要培养从事农业生产和家庭经营的"传统农民"转换到兼顾培养适应农村新产业、新业态的"创业者"和从事农业生产经营管理的"新型职业农民"上来。这种转变既要有数量类型比例的变化，也要有内涵结构的变化。这就要求农村职业学校打破以学科为中心的文化基础课、专业理论课、专业技术课"老三段"的课程结构，重构课程体系和教学内容，以满足乡村振兴对各类多元化、多样化乡村人才的现实需求。

（三）乡村振兴迫切需要农村职业教育拓展服务面向、承接服务社会发展新使命

当前，我国农业发展正处于由增产导向转向提质导向的关键时期。以农业科技创新驱动乡村产业转型提质是提高农业发展质量效益、实现乡村产业振兴的重要内容和根本途径。这就需要农村职业教育承载好农业实用技术研发与推广的新使命，架起农业科技通往现实生产力的桥梁。同时，乡村振兴需要农村职业教育拓宽服务对象。农村土地流转制度和土地承包经营市场的健全，为所有有志于从事新农村建设的人群提供新机遇。从这个意义上说，乡村振兴的主体不再局限于农村人，也包括城市人。这就要求农村职业教育打破"城市人只当工人、农村人只做农民"的传统身份定位，向所有有从事"三农"事业需求的人敞开大门，促进"农民"由"身份"向"职业"的战略转移。同样，也需要城市职业教育改变"乡村振兴是农村的事、农村职教是农业类院校的事"的片面认知，为有志愿从事"三农"工作的城市人提供知识和能力支撑。此外，智慧农业、农业信息化建设和乡村建设发展规划及田园综合体建设指导等新任务，都在呼唤农村职业教育拓展上述服务功能，不断增强服务乡村振兴的能力。

（四）乡村振兴迫切需要农村职业教育改革创新培养模式、提高人才供给质量

毋庸讳言，目前我国农村职业教育发展严重滞后于新时代农村经济社会需求，集中体现在涉农人才培养数量严重不足、质量普遍不高、供需错位脱节等。这既有办学机制不活、制度供给不足等外源性问题，也有办学指导思想、教育理念滞后等内源性问题，由此导致传统人才培养模式的僵化与缺陷是制约农村职业教育教学水平和人才培养质量的关键因素。这迫切需要农村职业教育由内而外引发一场以"乡村振兴"为命题的传统人才培养模式变革和教育范式转型，在办学定位、教育理念、培养模式、专业设置、课程体系、教学内容和评价机制等方面作出全面深刻的转型与重构，以提高乡村人才供给质量。与此同时，以乡村振兴战略为引领的农村职业教育人才培养模式变革的过程也必然是农村职业学校发展新范式生成的过程。这一范式不仅为新时代农村职业教育发展开辟了一个全新领域，也为农村职业学校深化教育教学改革提供了一个新的路径。这对引领农村职业学校教育教学改革从"自发自流"走向"自觉自为"、推动自身转型升级提质、提高服务农村经济社会发展能力与水平具有重要的促进作用和现实意义。

二、乡村振兴战略下农村职业教育转型的战略定位

乡村振兴战略为新时代农村经济社会发展描绘了新蓝图、指明了新方向，也为农村职业教育提出了新要求和新使命，即要精准对接乡村振兴全要素需求，为乡村振兴提供全方位、多功能服务，这是实现自身转型发展、服务乡村振兴战略的题中要义和价值所在。

（一）对接产业振兴要求，培育乡村各业人才

长期以来，由于我国城乡资源配置和要素流动不均衡，导致县域中职学校数千万毕业生在内的农村大量高素质年轻劳动力不断涌向城市。目前，农村产业发展正面临着数量萎缩、结构失衡、素质不高、后继乏人的人才瓶颈。"2017 年的抽样调查显示，留守农村的农业从业人员初中及以下文化程度者占到 67.5%，且每年正以 900 万 ~ 1000 万人的速度向城市加速转移；乡村实用型人才仅占农村劳动力的 7%，且大多集中在教育和卫生行业，直接从事农林牧渔生产的比重很小，农技推广人才'青黄不接'；另据农业部门统计，目前我国农民工总量约有 2.3 亿，平均年龄接近 50 岁。"农村老龄化、兼业化、空心化现象突出，"谁来种地""靠谁来实现农业现代化"日益成为社会各界关注的重大问题。培养涉农人才是农村职业教育的基本职能和根本任务，在乡村振兴战略下，农村职业教育应紧紧围绕现代农业体系的产业链布局人才链，在涉农人才培养与新型职业农民培训等方面大力创新，优化农业从业者结构，提高农村人口素质。同时，要根据乡村"治理有效"的要求和建设农村公共服务体系的需要，培养现代乡村治理人才，培养造就一支既具有农村工作

情怀、懂得农业基本特性和乡村价值体系、传承"三农"工作价值理念，又善于务农兴农、致富带富的复合型、创新型乡村人才队伍。

（二）巩固成人教育与继续教育阵地，开发农村人口资源

党的十九大明确提出："完善终身教育体系……办好继续教育，加快建设学习型社会，大力提高国民素质……大规模开展职业技能培训。"要实现这一目标任务，需要在乡村落实好职业教育、成人教育、社区（老年）教育三类教育。目前，这三类教育在县域层面主要由职业学校承担，这对农村职业教育与培训工作提出了新要求。从大职业教育系统内部看，农村职业教育有机地联结着成人教育、社区（老年）教育，在统筹"三教"融合发展、促进职业教育与终身教育接轨、构建学习型社会中具有先天优势和不可替代的功能与作用，是开发农村人力资源、提高国民素质的重要阵地和有效途径。因此，在国家构建终身教育体系中，县域农村职业学校要承担起应有的责任与使命，强化大职教理念，面向广大农民新需求，坚持培养与培训并举、全日制学历教育和非学历教育并重，引导农民树立新型教育观和学习观，重塑传统农民知识素质结构，使每位学习者及时获得相应的职业知识和岗位技术技能，推动农村人口由数量红利向质量红利转型发展。

（三）融入农业科技创新体系，承接现代农业技术研发与推广工作

乡村振兴战略赋予了农村职业教育新的时代使命，而其中一个最鲜明的特征就是全方位服务"三农"。首先，农村职业教育要不断地完善农科教相结合、产学研用深度融合发展模式，推动涉农专业建设、社会服务与区域内的产业联合、与企业联盟、与园区联结，有效对接不断转型升级的农村新产业、新业态、新产品对各类涉农科技创新要素的新需求。农业信息化是乡村振兴的重要抓手和重要保障，农村职业教育应该发挥人才优势、资源优势和阵地优势，积极开展智慧农业新技术的应用研究、社会服务和推广工作。其次，政府在乡村振兴实践中应将农村职业教育作为农业科技创新体系的重要组成部分统筹谋划，把农村经济发展、农业科研基地建设和涉农技术人才培训紧密结合起来，创新产学研用一体化发展体制机制，整合农业、科技和教育等部门资源，搭建农业科技协同创新平台，组建农业科技创新联盟，形成科教兴农的强大合力。

（四）传承发展乡土文化，促进乡风文明和谐

乡村承载着独特的地方文化。广大农村大多还保留着古村落、古建筑、古仪式等有形财富及附着于其上的无形资产，仍然保存着历史遗留的地域、民族、习俗、礼仪、节庆、建筑等，生动地体现着乡村文化传统、农政思想、乡土伦理传统、乡村管理制度等，这是乡村振兴的重要思想资源。在发展中更加珍视历史传承，延续乡村文化脉络，守护乡村文化生态，对于乡村振兴具有重要的现实意义。正如习近平总书记所指出的："农村是我国传统文明的发源地，乡土文化的根不能断。"乡村文明需要建设相应的教育文化阵地，培养一批具有一定乡土文化基础的人去收集、挖掘、整理、发扬；与此同时，农耕文明也有其历史局限性，需要深入研究、扬弃和发展。传承乡村文化既是农村职业教育的基本职能，

也是其优势所在。农村职业教育肩负着乡土文化传承与发展使命，一方面，要设立乡土文化研究机构，开展乡风民俗研究，主动对接设置农村古宅保护、现代农村村落规划与民宅设计等专业，发掘地方民间文化特色，开发乡土教育教学资源，推进乡土文化进校园、进课堂，从整体上增强乡土文化的自觉和自信；另一方面，要推动乡土文化的创造性转化和创新性发展，将社会主义先进文化和核心价值理念融入乡村建设各个方面，构建既充满本土特色又体现现代理性色彩的新乡村文化，推动乡村文化的现代转型和繁荣发展。

三、乡村振兴战略下农村职业教育转型的现实障碍

受经济结构调整、保障供给不足、社会认同度不高等因素的影响，我国农村职业教育普遍存在"先天基础薄弱、后天发育不良"的现象，正面临着思维理念、办学功能、办学机制、政策环境等多方面的现实困境，制约着农村职业教育转型发展和助力乡村振兴作用与功能的发挥。

（一）思维理念之困：发展方向错位，背离乡村振兴时代需求

当前，农村职业教育不论是在自身发展还是在服务乡村振兴实践上，都面临着诸多思维理念障碍。在乡村振兴战略下，农村职业教育最为紧迫的时代使命和任务就是为农村经济社会发展提供人才支撑和智力支持。但是，目前我国农村职业教育的"轻农、去农、离农"现象已经相当严重。据各行业部门不完全统计，"目前全国各类中等农业职业学校仅剩237所"。中职涉农专业招生数从2010年每年110.4万人逐年递减，现已不足40万人。受当前"招生难、就业难、普高热"等因素的影响，大多数中职学校将高考应试、对口升学作为主攻方向，有的甚至挂着职业学校的牌子举办普通高中教育。再加上办学经费不足、"双师"教师奇缺和迎合农村学生"跳龙门"需求，专业设置大多为实训条件要求不高、办学成本较低的文科类专业，人才培养偏离应用性、农科类方向。以安徽省为例，《安徽省教育事业统计资料及分析（2016年）》显示，2016年全省中职学校涉农专业仅占8.1%，文科类专业占72.5%。这样的办学目标定位和发展方向与农村经济社会发展和乡村振兴战略需求严重错位。

（二）办学功能之困：功能结构性缺陷，社会贡献度、满意度不高

办学功能的多重性是农村职业教育的优势所在，也是目前的困境所在。"在20世纪80年代国家大力实施'两基'工程和深入开展农村教育综合改革过程中普遍建立起来的县职业技术学校（职教中心）、乡镇和村成人学校'三级'县域农村职业教育与培训网络，因21世纪初'两基'目标的基本实现，许多地方基层乡、村成人学校或裁撤，或减编减员，或并入所在学区中心学校，面向农村（社区）的成人教育和继续教育阵地被严重削弱，相应的功能也随之退化。"同时，在中职教育发展受到外部环境制约的情况下，大部分职业学校非但没有拓展其服务功能，反而将重心放在开展学历教育上，致使原本包括社会服务在内的多种功能逐步退化为单一的学历教育。农村职业教育办学功能结构性缺陷致使其社

会贡献度和影响力日渐式微。此外，目前农村职业教育与培训的形式和内容，尤其是"阳光工程""燎原计划""农村劳动力转移培训工程"等培训项目，在实施前并未对农民的实际培训需求进行调研，根据受众特征、个性需求进行安排，导致培训课程内容与农民实际需求"两张皮"，有的甚至将其作为一项"政治任务"加以落实，这种状况显然难以得到农民的认可。

（三）办学机制之困：办学主体单一，社会力量参与缺失

从经费投入机制上看，现阶段县域农村职业教育实行"分级管理、地方为主、政府统筹、社会参与"的经费投入机制。"以县为主"的教育财政支出受制于地方经济发展水平，难以保障农村职业教育经费的稳定、持续、足额供给。同时，当前教育经费投入在各层级均存在明显的类型差异性和地区不均衡性，职业教育尤其是农村职业教育经费投入少之又少是不争的事实。再加上农村职业教育自身不足，吸引的社会投资、捐赠等极为有限，普遍存在"生存靠财政、运转靠收费、建设靠举债"的状况。有专家研究表明，"职业教育办学经费投入约为同类教育的2.6倍"。显然，当前农村职业教育单一的经费投入机制难以满足其现实需要。从人才培养机制上看，职业教育属于一种跨界教育，其本质属性和人才培养规律决定了职业院校人才培养需要行业、企业等社会力量协同参与，走校企合作、产教融合、工学结合的发展之路。但是，由于缺乏有效的法制保障、刚性约束、激励机制，目前农村职业学校的校企合作只停留在松散的结合面上，仅局限于学生顶岗实习和少数毕业生就业的单一点上，行业企业等社会力量深度参与农村职业教育建设的积极性和实效性普遍较低，这也是制约农村职业教育人才培养质量的瓶颈问题。

（四）政策环境之困：法律供给不足，制度设计缺乏协同性

首先，法律制度供给不足。《中华人民共和国职业教育法》（以下简称《职业教育法》）1996年9月颁布实施，20多年来未做任何修改，国家层面也未新增任何有关职业教育的专门法规。职业教育法律法规体系建设既滞后于经济社会发展需要，也严重滞后于职业教育改革发展实践，且许多内容已不合时宜。其中，涉及农村职业教育的内容不仅少，而且过于宽泛、模糊，可操作性不强。由于法律供给不足，长期以来农村职业教育发展主要靠国家政策文件推动。政策文件虽然比较灵活，但法理地位缺失，权威性不够，执行效果差。同时，政策执行易受人事变动、时间跨度等因素影响，具有随意性和多变性，难以持续稳定执行。其次，制度设计缺乏协同性。农村职业教育服务乡村振兴是一项系统工程，需要各领域、各行业、各部门协同发力。尽管《中共中央国务院关于实施乡村振兴战略的意见》《国务院办公厅关于深化产教融合的若干意见》等文件鼓励行业、企业等社会力量参与教育事业和乡村振兴战略，但并未明确相应的权利、职责以及义务，尤其在一些公私合作领域缺乏组织、管理、协调等制度安排。由于制度设计缺乏系统性和协同性，在农村职业教育与乡村振兴协同发展实践中必然会出现无法可依、无章可循的局面，致使不同主体在政策执行的过程中产生矛盾与冲突，从而降低行动效率。

四、乡村振兴战略下农村职业教育转型的实现路径

在乡村振兴背景下，新时期农村职业教育应聚焦"三农"需求，突出问题导向，对接乡村振兴各领域、全要素需求，在理念转变、模式创新、制度构建、机制共建等方面寻求新的治理突破，从而实现自身的转型发展。

（一）积极转变发展思维，以新理念引领农村职业教育转型发展

实现农村职业教育转型发展并助力乡村振兴，必须跳出传统的思维窠臼，确立新的发展理念。一是树立"面向农村"的职业教育发展观。在城乡二元体制下，我国农村职业教育一直被定位为发生在农村、局限在县域范围、以县级政府为办学主体的区位概念，与发生在城市的职业教育双轨并行发展。这种以县域布局的农村职业教育发展格局显然不利于城乡职业教育资源战略重组、规划布局和共建共享，制约着职业教育整体发展水平，迫切需要战略转型。随着城镇化的快速推进和乡村振兴、城乡融合新战略的提出，新时代农村职业教育必须突破仅在县域范围内思考的旧思路，由过去的"农村"职业教育区位定位转向"面向农村"职业教育的功能定位，由此才能为农村职业教育转型发展破除资源分割壁垒。二是确立城乡融合发展的新理念。要以资源均衡配置为切入点和突破点，把城市和农村的职业教育放在职业教育大格局中系统思维、统筹规划、合理布局，建立城乡一体的职业教育与培训体系，促进各种职业教育和培训资源在城乡间、区域内的均衡配置。同时，按区域、行业、类型等对现有县域职业学校进行整合或重组，促进职业学校做强优质特色品牌专业，提高教育资源投入的针对性和有效性，这是从根本上解决职业教育空间布局不优、资源配置不均等问题的必然选择。三是坚持供给侧的改革思维。农村职业教育传统的"外源性""供给型"发展模式所形成的惯性思维和等、靠、要思想已严重束缚着自身发展。农村职业学校必须自觉强化供给侧结构性改革思维，在人才培养、专业布局、社会服务等供给侧与乡村振兴需求侧主动对接、深度融合，通过激发内生发展动力、提高自身供给质量，真正实现自身转型升级，与乡村振兴同频共振。

（二）突破关键环节障碍，以精准化供给保障农村职业教育转型发展

首先，要破解经费投入不足的难题。一方面，针对当前农村职业教育经费投入"以县级为主"的机制缺陷，中央应加大财政转移支付力度，在贫困地区设立国家、省农村职业教育专项资金，以弥补地方财政配套不足。根据教育受益者的能力原则和成本原则，借鉴国外经验，向企业开征职业教育税，发行免费涉农职业教育券。同时，统筹城乡经济均衡发展，保障城市职业教育附加费50%以上用于农村职业教育，制定《农村职业教育经费保障实施办法》，明确各级政府的经费投入职责，并建立督导与评价、奖励与惩罚制度，组织各级人大代表定期督查，及时公布经费落实情况，从根本上改变监督缺位、落实不力的局面；另一方面，政府要综合运用立法、政策、信贷、税收等杠杆撬动民间资本，以办学体制机制改革为突破口，以具体项目为纽带，引导社会力量协同参与农村职业教育发展。

其次，要加强农村教师队伍建设。一方面，要根据农村职业教育的实际需要，建立教师编制动态调整机制和工资稳定增加机制，从根本上提高农村教师的社会地位，稳定人才队伍；另一方面，要建立城乡师资、校企师资双向流通机制，在保留体制身份的前提下，制订相应的教师轮换制度和配套的激励政策，吸引城市优秀教师、企业技艺大师、能工巧匠担任兼职教师。同时，出台支持政策构建农村职教教师定期参加国培、省培和下企业锻炼的长效机制，提高农村职业学校教师的业务水平和专业技能。最后，要加强政策制度供给。应加快《职业教育法》修订工作，并以此为基础，围绕深层次的体制机制改革瓶颈，聚焦校企合作、产教融合双重办学主体、学生学徒双重身份、"双师型"教师队伍、产业组织的权利与义务等方面，充分关联相关法律（如《中华人民共和国高等教育法》《中华人民共和国教师法》等）的有关内容，形成一套保障产教融合、校企合作的法律制度体系，破解职业教育政策与人才政策、收入分配制度互相矛盾的难题。同时，地方政府要在国家宏观制度设计的框架下，因地制宜地推进地方立法，研制有针对性的教育均衡发展政策和产教融合、校企合作实施细则，从而保障新时代农村职业教育改革与发展真正落地。

（三）统筹"三教"融合发展，创新多元办学模式促进农村职业教育转型发展

办学模式决定着农村职业教育的办学质量与水平，也决定着农民对农村职业教育的参与度和满意度。因此，要突出问题导向和需求导向，构建多元化、多样化的农村职业教育与培训模式，提升自身吸引力和社会贡献率。一是统筹"三教"融合协调发展，健全农村职业教育网络体系。各级政府要按照党的十九大"推进全民终身学习、加快建设学习型社会"的部署和要求，统筹实施好职业教育、成人教育、社区（老年）教育三教融合协调发展和县、乡镇和村三级农村职成（社区）教育网络体系建设，形成助力乡村人才振兴的合力。针对当前基层农村职业教育网络体系破坏严重的现状，要加大经费投入和政策支持力度，高标准建设一批县级示范性农村职业学校和成人教育基地，并以此标准引领和带动基层乡镇农村职业学校尽快恢复和逐步完善三级农村职业教育体系；同时，要以全面建立职业农民制度为目标，加快建设配套政策制度体系，打通职教、普教和成教"三教"融通的壁垒，支持新型职业农民通过弹性学制和学分制参加中高等农业职业教育，为各类农业从业人员继续深造、提升素质、提高学历扫除障碍。二是创新农村职业教育办学模式，构建"互联网＋教育"平台。重点要针对当前农村职业教育"项目式""运动式"培训难以满足农民个性化、多样化需求的功能性和结构性缺陷，改革创新培训模式，构建集涉农教育培训信息需求、在线知识获取、在线技术咨询、政策信息发布、农产品营销等于一体的"互联网＋"服务模式，借助云计算、大数据精准识别培育对象，精心设置培训内容，助力农村职业教育服务供给模式升级和教育治理水平提升，打破涉农学习培训时间、空间局限，切实提高各类涉农教育培训的针对性和实效性。三是创新人才培养模式，重构课程体系和教学内容。农村职业学校要切合乡村振兴对各类乡村人才能力与素质的新要求，按照职业群设置专业，

研发新型科目课程，贯通职前与职后教育体系，加强通识教育和素质教育，强化大类专业的通用性技术课程，适当增加与生产、经营相关的法律、政策、信息、金融、保险、加工、营销、流通等社会人文课程，进而培养造就一批具有宽泛知识和综合能力的复合型、创新型乡村人才，提高人才培养服务乡村振兴的针对性和实效性。

（四）发挥政府"元治理"作用，构建多元协同机制推动农村职业教育转型发展

真正构建政、校、企、行等多元主体协同推进的新格局，是农村职业教育实现自身转型发展和服务乡村振兴的关键。政府应在多元共治的立体架构中发挥主体作用，承担"元治理"角色。"'元治理'是对政府或治理方式的治理，是对社会和经济生活的重构、调解和转化而超越治理形式的高水平治理。"政府作为元治理者，应在农村职业教育转型发展治理体系中承担起规划设计、统筹协调、协调分歧以及治理效果问责等重要责任。一是加强顶层系统规划，建立考核评价机制。省、市、县三级政府要切实履行发展职业教育的职责，根据行政区划、地区特点、产业布局等，将农村职业教育发展纳入各自经济社会发展总体规划和产业发展规划中，与脱贫攻坚和乡村振兴战略统一安排、同步推进，并将有关发展落实情况作为各级政府实绩考核的重要内容。同时，建立农村职业教育服务乡村振兴质量评价机制，制订评价指标体系，探索引入第三方评价，将涉农专业课程建设、农学人才培养、各类公益培训质量、服务农业产业能力等作为考核评价的重点，将其结果作为奖补资金、领导任用和项目立项安排的重要依据，促进农村职业教育转型发展。二是推动管理体制变革，释放转型发展活力。目前农村职业教育行政隶属、业务管理及涉农资源管理分属人社、教育、农业、民政、扶贫办等部门，宏观管理体制混乱、政出多门、职责交叉；部门之间缺乏共享互通，相互掣肘，权力边界冲突，甚至存在部门利益固化的积弊，无法形成合力。因此，应成立由教育、人力、农业、财政、民政等部门组成的常设机构，将相关的涉农权力要素和资源要素整合起来统一管理，防止有限的职教资源稀释和内耗。三是创新多元办学体制，构建多元协同参与机制。社会力量是推进农村职业教育转型发展的重要力量，必须建立和完善行业、企业、社会等多元主体参与农村职业教育发展的联动机制。政府要积极推动基于股份制、混合所有制等形式的职业院校办学体制改革，探索建立混合所有制职业院校法人产权制度，吸引各类社会资源有序进入涉农教育领域，融入乡村建设；引导职业院校以学校章程为统领，以破除体制机制障碍为突破口，以释放发展活力为目标，建立与多元办学产权结构相适应的现代职业学校治理结构，从而构建起政、校、企、行等协同参与农村职业教育发展、服务乡村振兴的长效机制。

第五节　乡村振兴战略下资源型农村产业转型升级研究

　　乡村振兴战略的实施，产业兴旺是重点，必须坚持农业的高质量发展，以农业供给侧结构性改革为主线，加快构建现代农业产业体系。基于国家大力推行乡村振兴战略这一大背景，结合资源型农村产业的发展特点，以湖北省竹山县绿松石产业为例，调查湖北省竹山县绿松石产业的发展现状，针对产业在转型升级中存在的问题提出相应的对策与建议。

　　我国自古以来就是农业大国，关于我国农业农村农民的三农问题是关系到国计民生的根本性问题。习近平同志在党的十九大报告中首次提出的乡村振兴战略，其最终目标就是要不断提高村民在产业发展中的参与度和受益面，彻底解决农村产业发展和农民就业问题，切实提高农民生活水平，确保当地群众长期稳定增收、安居乐业。2018 年中央一号文件进一步明确了新时代实施乡村振兴战略的路线，产业兴旺是乡村振兴战略的重点，必须坚持农业的高质量发展，以农业供给侧结构性改革为主线，加快构建现代农业产业体系。当前我国经济社会发展最大的短板在农村，最大的潜力也在农村。县域经济、农村经济所占地位仍然十分重要。其中，资源型农村产业在我国乡村经济中占有一定的比重，但资源型农村产业存在结构落后、可持续性不强、循环能力差等问题。因此，研究乡村振兴战略下的资源型农村产业转型升级问题极有现实意义。本节基于国家大力推行乡村振兴战略这一大背景，结合资源型农村产业的发展特点，以湖北省竹山县绿松石产业为例，调查湖北省竹山县绿松石产业的发展现状，针对产业在转型升级中存在的问题提出相应的对策与建议。

一、乡村振兴战略下资源型农村产业转型升级的意义

　　我国经济自从改革开放以来，发展迅速。从 1978 年的国内生产总值只有 3645 亿元，到 2010 年正式成为世界第二大经济体，在国家经济快速发展的背后，资源型产业功不可没，其中，资源型农村产业也是资源型产业中不可或缺的一部分。在 2017 年党的十九大报告中，习近平同志正式提出"乡村振兴战略"，更加重视乡村经济的发展和突破。这进一步说明了在经济发展的过程中，县域经济、农村经济也是重要的一部分。资源型农村产业是关系到三农问题的重要产业，对于资源型农村来说，资源型农村产业发展的好坏也直接关系到乡村振兴战略的实施。

　　但是，目前我国资源型产业尤其是资源型农村产业的发展也面临着的问题十分突出：产业链发展不健全，附加价值低；对资源本身依赖性过强，难以持续发展；对环境破坏严重，不符合科学发展观等问题一直是束缚资源型农村产业转型升级的主要原因。在当今大力实施乡村振兴战略的背景下，在乡村振兴战略坚持人与自然和谐共生，坚持因地制宜，循序渐进的要求下，资源型农村产业的转型升级显得尤为重要。以竹山县绿松石产业为例，对

资源型农村产业的现状进行调查，对其产业转型升级的模式进行分析，并对其产业转型升级提出建议，有助于乡村振兴战略的落实与实施，具有十分重要的现实意义。

二、竹山县绿松石产业现状分析

（一）绿松石资源储量丰富，产量巨大，质量较高

湖北省竹山县地处秦巴山区腹地，亚热带湿润性季风气候使得这里成为天然绿松石的优良产地，据估算，竹山县绿松石矿产资源占全国的70%，价值3000亿元以上。竹山县绿松石资源不仅储量巨大，且矿点数量多，这意味着其潜在储量也十分可观。同时，绿松石矿点众多也有利于资源的同时开采。目前，湖北省绿松石市场上近95%的绿松石都来自竹山县，年开采量超过300吨。

竹山县的绿松石资源不仅储量丰富，资源的质量也很高。绿松石的质量高低主要从其颜色、质地(瓷度)、品相、大小、雕工五个个要素来考量。竹山县潘口乡丫角山矿区、秦古镇808矿区、喻家崖矿区等众多矿区出产的绿松石颜色纯正、瓷度很高、品相优良，得益于天然的地理优势，这里的绿松石大小也十分可观。2015年，世界上首个绿松石博物馆落地竹山县绿松石城，该博物馆的镇馆宝物之一就是一块绿松石"原矿之王"，该矿石长达2.5米，宽1.3米，重达8吨，是目前世界上最大的单块绿松石原矿石。综合来看，竹山县绿松石质量很高。

（二）绿松石产业经济效益高

绿松石作为一种传统玉石，早在五千年前，就有被人类使用和佩戴的历史。在藏族宗教中，绿松石是神灵的化身，也象征着权利和地位。除此之外，绿松石也受到各路文玩人士的喜爱，市场需求量大。近年来，绿松石价格大幅上涨，质地优良的绿松石成品价格早已超过黄金，有些品质极高的绿松石成品在市场上定价超过5000元每克。绿松石市场价值很高，可以进一步开发和发展的潜力也非常大。

同时，经过数年的发展，如今竹山县的十多个乡镇绿松石产业从业人员达到六万人以上。绿松石产业的兴起不仅为当地的经济发展带来新的增长点，也为当地的就业做出了重要的贡献：从原矿开采，到生产加工，再到销售。都可以成为解决农民工就业问题的新出口。总体来说，绿松石产业经济效益很高，对于交通不便，工业落后的竹山县来说，不失为促进经济增长的突破口。

（三）绿松石产业发展模式粗犷

早在20世纪60年代，竹山县就有开发绿松石资源的记录。但是该时期整个产业处于国家经营状态，且开采以及利用方式极为原始。进入新世纪，竹山县绿松石产业正式开始发展较晚，各乡各镇的产业之间处于分散隔离状态，单打独斗地进行开采加工销售，未能形成分工合作或是完善集中的产业链条，且地处鄂西北山区的竹山县交通不便，经济相对

落后，缺乏珠宝行业的相关从业经验。整个产业完全依靠丰富的绿松石资源获得竞争优势，这些因素大大削弱了竹山县绿松石产业的国际竞争力。可以说，该县的绿松石产业大有陷入"资源诅咒"的可能性，发展模式粗犷。

（四）绿松石产业缺乏科学的管理

竹山县早期的绿松石产业是国营产业，是计划经济的产物，产业运作模式单一落后。开放为私营之后，由于缺乏综合的、科学的管理，盗采滥采现象十分严重。最疯狂的时期，每天进山盗采绿松石的盗采者多达千人。这和绿松石本身分布较浅以及矿区资源十分丰富有关，但是缺乏管理也绝对是盗采现象泛滥的重要原因。直到 2016 年，县政府才成立了绿松石资源管理局，对绿松石资源进行统一规划和管理。但是盗采现象直到近年来才有了明显的改观，这说明竹山县的绿松石资源管理依然不够到位。2018 年，竹山县提交的《绿松石分级国家标准》通过了国家审批，但是距离全面推行还有一段时间，所以目前消费者如何衡量市场上的绿松石价值仍旧是一个难题。综合这些因素，竹山县绿松石产业发展急需科学的规划与管理。

三、乡村振兴战略下资源型农村产业转型升级的对策与建议

2018 年，中央一号文件发布了《中共中央国务院关于实施乡村振兴战略的意见》，标志着乡村振兴战略正式被提上国家议程。在全国全党大力发展乡村振兴战略的大背景下，国内的资源型农村产业的转型升级也再次被聚焦。针对目前竹山县绿松石产业的现状以及发展中所产生的诸多问题，经过实地调研和分析，提出以下几点对策与建议：

（一）推进农村资源产业供给侧改革，优化产业结构

资源型农村产业存在的最主要问题之一就是产业结构失衡，大多数资源型农村产业完全依赖丰富的资源来形成自身的产业竞争优势，往往陷入"资源诅咒"困境，不但不利于经济的长期和可持续发展，还在一定程度上限制了产业的转型和升级。在乡村振兴战略的大背景下，资源型农村产业推进产业供给侧改革势在必行，也迫在眉睫。要从提高资源的附加价值这一目的出发，推进产业的结构调整，用创新和出口等手段，提高整个产业的运行效率，改善目前产业低附加值、高消耗、可持续性不强等缺点，把整个产业升级改造成高附加值、高效率、符合科学发展观的优质产业。绿松石作为文玩珠宝产品，其价值不仅仅在于资源本身的稀缺性，也体现在产品内部的文化价值上。政府要起到引导作用，发展和推广绿松石文化，进一步把竹山县打造成国际绿松石之都，赋予绿松石更高的文化价值。

（二）科学制订产业发展规划，规范完善产业监督体系

资源型农村产业普遍存在缺乏科学合理的产业发展规划的问题。这直接导致发展过程中的盲目决策与混乱管理。质量上乘价值极高的绿松石资源没有经过合理的有节制开采以及大幅度提高附加值的加工过程，早期时甚至很多绿松石资源直接以原矿形式出售，质量

用吨来计量，大有暴殄天物的意味。针对乡村振兴战略中要求经济发展科学规划循序渐进的特点，政府等管理机构应该科学完善的制订整个产业的发展规划，改变产业目前混乱和不规范的发展现状，做到心中有数。同时针对产业中盗采、造假等违法犯罪行为，加强产业的管理和监督，打击违法犯罪行为，为绿松石产业的进一步转型升级打好基础，做好铺垫。

（三）坚持绿色发展道路，实现乡村全面振兴

竹山县的绿松石产业仍然存在可持续性差，结构不合理的问题。直接开采原石或者仅仅进行简单的加工制作就进行销售的行为，不仅缩短了整个产业链，限制了产业附加值的提升，也失去了很多提供就业岗位，缓解就业压力的机会。同时和科学发展，绿色发展的理念相悖。乡村振兴战略明确要求坚持绿色发展，实现乡村全面振兴。资源型农村产业在转型升级的过程中，应注重环境的保护和资源的可持续性，开采过后的大量废弃矿区可以因地制宜，发展其他产业。加工过程中遵循低碳环保的原则，不过度地污染环境。同时，应更多着重于对于地区综合经济水平的提升。扩大规模的同时延长整体产业链条，缓解地区就业压力，为解决农民工就业问题作出贡献。完善矿区的基础设施，提高矿区人民的生活水平和质量，做到经济快速发展、产业结构合理、环境保护充分、人民安居乐业，实现乡村的全面振兴。

资源型农村产业得益于自身资源的丰富性优势，往往在产业发展的初期具有很强的竞争力，以资源优势带动整个产业经济的快速发展。但是在资源优势不再突出的产业发展中后期，资源型农村产业往往会陷入"资源诅咒"怪圈。若没有通过产业的转型和升级，优化产业结构，科学规划发展，整个产业便会走向衰退。因此，在当今中央大力推行乡村振兴战略的大背景下，资源型农村产业应该针对农村的实际情况，结合乡村振兴战略，对整个产业进行转型和升级。结合科技创新，文化推广，延伸产业链，提高附加值。立足于三农问题，改善提高农民生活水平，着力解决农民工就业问题，统筹城乡经济，实现全面的、可持续的科学发展。

第三章　乡村振兴战略背景下的乡村旅游

第一节　乡村振兴战略下乡村旅游发展途径

在乡村发展旅游业，对农村经济建设具有很好地推动作用，它能使农民致富，使农村产业升级，使农村更好地发展。想要实施乡村振兴战略，发展乡村旅游业就是实现战略目标的最佳方式之一。本节通过全方位分析乡村旅游业发展的条件，提出发展中存在的问题，总结出发展乡村旅游产业的途径和保障措施。

乡村旅游业是以农民为经营主体，以乡村民俗文化为核心，以城市居民为主要目标客户的产业。发展乡村旅游业的目的就是带领农民致富和促进农村经济发展。十九大报告中提出，想要实现乡村振兴战略，就必须大力发展乡村旅游业，这样才能更好地带动农村经济进步。

一、乡村振兴战略下发展乡村旅游业的意义

（一）推动农业技术进步

在农村开发旅游业，建设旅游景点，可以很好地扩大旅游领域，增强农村经济的发展，还可以增强农业产业项目的旅游能力。想要发展农村旅游业，就必须改变传统的农业种植种类，引进观赏类植被，引进一些先进的科学种植技术，这样就大大增加了农村旅游业的观赏类型。

（二）提高农民收入

推进乡村振兴战略，大力开发农村旅游事业，可以把农民的性质从劳动类型转换成服务类型，这样不仅提高了农民收入，还提高了农民的个人文化水平和生活水平。另外，发展乡村旅游产业就要开发相关旅游项目，就需要占用部分土地，农民就会得到相应补偿收益，还有利于农民向市民转换。

（三）加快美丽乡村建设的步伐

国家大力发展新农村建设，加大对美丽乡村的建设，大力发展旅游业，可以促进农村进行景区化建设，改善农村公共服务设施，更有利于农村对环境的保护，有利于美丽乡村的建设。

二、乡村振兴战略下乡村发展旅游业的条件

乡村旅游业想要发展，就必须解决一些现实困境，这就需要政府部门大力支持。政府需要与开发商建立良好的合作关系，配备先进旅游设备，改善乡村基础条件，还要引进专业人员，提高旅游服务水平。乡村旅游业想要发展，就必须对当地特色文化进行提炼整合，运用更多的宣传途径推广。乡村特有的文化就是技艺和民俗习惯，可以把这些都统一起来进行创新和保护，对主要的民俗文化进行推广，这样还能对中国文化进行传承，对促进乡村繁荣和推动民族地区经济社会都很有现实的意义。

乡村旅游业想要发展，必须考虑产品、基础设施、人员和模式的因素，因此就必须采取五个方面的措施：创新旅游产品、提高进本设施建设、培养专业人才、统一管理模式和塑造品牌模式。这样在乡村振兴战略前提下，才能更好地发展乡村旅游业。

三、乡村振兴战略下乡村旅游业发展存在的问题

（一）对于乡村旅游建设缺乏统一规划和管理，没有树立独特品牌形象

在乡村振兴背景的影响下，乡村旅游业也取得很多成绩，不过还存在很多问题，他们综合起来没有一个完整统一的规划，基本属于分散性开发，没有统一性布局，还有旅游项目没有明确主体，这样造成的后果就是建设水平落后，重复建设严重，旅游设施和公共服务设施不足等。由于这些问题的存在，很难将乡村旅游塑造出独特的品牌形象。

（二）乡村旅游产品缺乏特色，同质化特点严重

现在大多数乡村旅游项目都很相似，处于比较低级的发展水平。旅游产品单一，普遍以农家乐和民族菜品，农村的旅游活动多数采以采摘，观赏和钓鱼为主，在传统农民活动中的农耕文化和民俗文化涉及的活动很少。在旅游特色产品销售上面还是普遍的自产自销模式，这是一个很初级的状态，没有创新出具有民族文化特色，适合旅游类型的产品。

（三）在乡村旅游管理方面缺乏专业人才，旅游项目没有创新性

从乡村旅游业的发展现状看，旅游业发展不足的原因还有没有创新项目出现，一直保持老套的农村旅游项目。总体来说，还是由于专业人员极度缺乏，乡村旅游业想要健康持续地发展下去，对专业人才的需求量很大。不过目前的状况就是人才需求和人才培养不成正比，在专业人次培养上没有统一、专业、系统的培训机构，从业人员基本是本土人员，专业培训没有深入到农村，造成旅游从业人员素质偏低。

四、乡村振兴战略下乡村旅游业发展的途径

（一）大力发展生态化旅游

想要乡村旅游更好地发展，就必须开发更多的发展空间，而乡村文化作为旅游发展核心，更是组成中华民族文化的重要部分，这就是一个好的发展方向。因此要结合当地的自然条件和资源特色，根据市场需求，重点宣传特色文化和地理优势，创新一些丰富多彩和特色文化鲜明的旅游产品，发挥出农村特有的生态和文化资源优势。重要的是要解决交通问题，改变周围道路建设等问题，在条件符合额情况下，加快发展生态乡村旅游文化建设。

（二）积极开发乡村休闲观光农业

利用农业景观资源和生产条件，发展观光休闲旅游的方式就是休闲农业，这是一种新型的农业生产形态，休闲农业的特点包括深度开发农业资源的潜力、改变农业发展结构、改善农业生产环境和增加农民收入。我国历史上就是一个农业大国，农村土地广阔，最具自然风光，在乡村振兴战略的推动下，可以更好地利用农村特色建立新型的旅游项目，努力发展休闲农业，让游客可以在游玩过程中集观光，采摘和体验耕作活动于一体，这样就会更加满足他们了解农民生活和更好享受乡土情趣的需求，除此之外，还需要配套建设相应的住宿和度假项目。乡村休闲就是充分利用农业生产过程，农民生活和农村生态，利用一些先进科学手段，给消费者提供全面服务。

（三）开发乡村景观农业

乡村旅游项目包括景观农业项目，这个旅游方向的发展，体现了乡村旅游业在不断创新。这个项目主要是保存农业体验，以田园风光为基础进行开发，设计建设出具有农村特点的景观，从而使乡村旅游更具特色。

（四）升级农产品为旅游产品服务

依据乡村振兴战略，不断增加乡村旅游的产品，打造出具有乡村特色的新业态，按照不同主题来打造乡村旅游目的地和精品旅游路线，建设具有乡村特色的民俗和养生基地，提供不同的旅游产品，增加更多新型服务。同时对农村一些珍奇农作物进行开发和创新，这样就能提高旅游的看点和观赏价值。

五、乡村振兴战略下乡村发展旅游的保障措施

（一）政府部门大力支持

在乡村旅游发展中，政府要持有大力支持的态度。在乡村振兴战略的背景下，每个地区都要保证乡村旅游能够良性地发展下去，相关部门应该结合起来，制定出相关的制度，对地区旅游业进行统一管理和统一开发。相关部门要保证对乡村旅游的用地，财政和扶持

政策实施到位，对税收优惠政策进行落实和监管，放宽支持乡村旅游业的经营主体条件，对一些相关手续进行简化处理。

（二）解决资金短缺问题

乡村旅游战略政策的制订是乡村旅游业发展的依据，更带来了促进乡村旅游发展的机会。但是，在乡村发展旅游业，需要投入大量的财力、物力和人力。而当下乡村旅游业存在一个现实问题，就是在资金方面的投入不足，这就需要在政府的支持下，大力招商引资，增加个人投资项目，加快农村融资，对乡村旅游建设中资金不足的问题尽快解决。

（三）加大对专业人员的培训

在乡村发展旅游业，就要认清乡村经济发展落后、基本设施不完善和缺少专业人员的现实。专业人员缺乏导致的后果是从业人员旅游服务意识欠缺，这个因素很不利于旅游业的发展，因此想要发展旅游业，就需要加大对专业人员的培训，可以利用农村本土人员进行就地培训，组建一批高素质的乡村旅游服务队伍。

在乡村振兴战略背景下发展乡村旅游业，就需要充分把乡村中的自然风光、特色文化和特色农作物结合起来，把乡村旅游内容丰富起来，尽可能地发掘可发展项目，实现乡村旅游的观光价值和文化传播价值。

第二节　乡村振兴战略下乡村旅游发展的新路向

乡村旅游与乡村振兴战略存在着耦合联动关系，乡村旅游落实乡村振兴战略，乡村振兴战略助推乡村旅游发展。自 20 世纪 80 年代以来，我国乡村旅游先后经历了从无到有、从弱到强、从小到大、从一元到多元、从自发到自觉、从无序到有序、从异步到同步的发展历程。本节总结了我国乡村旅游发展的三个阶段，提出新时代乡村振兴战略下乡村旅游发展需树立绿色发展理念，注重自然人文并存，坚持融合发展原则，遵循农村发展规律。

党的十九大报告明确指出，我国特色社会主义已经进入新时代，社会的主要矛盾也发生了重大改变。城乡发展失衡和农村积贫积弱的现实是决胜全面建成小康社会与实现中华民族伟大复兴的最大障碍，基于此，"乡村振兴战略"得以实施。实施乡村振兴，关键在于大力发展乡村产业，不断推动乡村生态资源向乡村经济产业转化。乡村旅游不仅是乡村振兴的关键内容，还是乡村振兴的发动机和助推器。作为乡村产业的新生形态，乡村旅游和乡村振兴战略互相兼容、相辅相成，在自然生态环境保护、农村基础设施建设、农业多种功能转换、农民就业途径拓宽、城乡要素多元流动等方面发挥着不可替代的作用，应为乡村振兴的主体产业。新时代，乡村旅游唯有抓住乡村振兴战略的时代背景与政策机遇，迎势而上，主动作为，积极转型，才能更好、更快地发展。

一、乡村旅游与乡村振兴战略的耦合联动

（一）乡村旅游落实乡村振兴战略

乡村旅游将乡村生态资源与各种旅游形态相结合，通过农业产业化，催生出绿色食饮、民宿游、风情文化、农家乐、洋家乐等多种旅游业态，从而带动农民进步和农村发展，从多个方面落实乡村振兴战略。一是乡村旅游有利于优化调整农村产业结构，拓宽农业功能。在乡村旅游巨大经济利益带动下，传统农业单一的种植功能的经济根基不断丧失，多种功能业态并存的现代农业逐渐形成，开发出原始部落游、假日乡村游、采摘瓜果游、垂钓鲜食游、休憩养生游、运动康健游、民俗体验游、劳作教育游、低碳体验游等多种新兴的旅游业态，改进农业的传统业态，不断推进农村产业的优化升级和结构调整。二是乡村旅游有益于打造生态宜居之所，建设美丽乡村。乡村旅游的兴起与火爆，一方面离不开绿色健康的自然生态环境和浓郁舒心的乡土人文风情；另一方面还需以完善农村基础设施和良好畅通的交通条件为依托。乡村旅游的发展不仅能激发农民保护自然地理生态环境和社会人文生态环境的积极性与主动性，还能够助推农村交通运输条件的改善和基础设施设备的健全，从而有益于美丽乡村建设。三是乡村旅游有助于延续乡土文化，培育文化乡村和文明乡民。乡土文化是乡村的灵魂，乡土文化的保护与传承是乡村振兴的重要领域与核心环节，乡村的衰落不仅表现在外在的房屋瓦舍、道路田野的颓败与荒芜，更是体现于内在的乡土文化的危机、民俗风情的消亡、传统故事的遗忘、巧人能匠的流失等方面。乡村旅游属于市民高层次的精神消费，乡土文化作为乡村精神的集中表达与外部呈现，备受游客青睐，理应成为最宝贵的乡村旅游资源。发展乡村旅游，需要乡民增强传统乡土文化自信，主动承担起保护、传承和创新优秀乡土文化的重任。

（二）乡村振兴战略助推乡村旅游发展

根据《中共中央国务院关于实施乡村振兴战略的意见》，"乡村振兴须依托绿色生态发展理念，充分发挥旅游产业的经济效益，大力发展乡村旅游，实施乡村旅游精品工程和农业休闲观光、康健养生、民俗村落等特色项目，不断推动资源融合和产业转型升级，寻找乡村发展的新动能"。乡村振兴战略为乡村旅游发展提供了良好的发展环境和坚实的政策保障，使乡村旅游迎来了难得的发展契机。一是乡村振兴战略有助于保护健康宜居的自然生态环境，助力乡村旅游发展。相比城市，乡村最大的资源优势和宝贵财富在于自身拥有生态宜居的自然环境，这是乡村的竞争力所在，是吸引大量游客到来的必要条件，也是乡村旅游兴起、发展的基础与前提。乡村振兴战略倡导乡村绿色发展，禁止触碰生态红线和环境保护的道德底线，坚守绿水青山就是金山银山的发展理念，致力于经济发展与环境保护的协同共赢，这必将有利于保护乡村自然环境，不断优化乡村产业结构，从而进一步推动乡村旅游发展。二是乡村振兴战略有助于完善农村公共服务，切实保障乡村旅游发展。作为一种新兴产业形态，乡村旅游产业是一项集吃、住、游、玩、行、购、摄等的综合性

产业，乡村旅游的快速发展与健康运行离不开完善的基础设施、良好的公共服务、便利的交通运输、和谐的人际关系、健全的信息网络、精良的专业人员、科学的管理组织、充裕的资金保障等诸多因素。乡村振兴战略指明，要坚定不移地走中国特色社会主义乡村振兴道路，坚持农业农村优先发展，着力解决好"三农"问题，拓宽农业产业发展前景，增强农民职业吸引力，建设美丽乡村，并"通过资金投入、要素支持、人才支撑、队伍优化、公共服务完善、领导干部配备等多方保障，弥补农业农村发展短板"，从而实现乡村振兴。乡村振兴战略的实施不仅给乡村旅游发展提供了强力的政策支撑，还为其带来了资金、人才、设施、服务等良好的条件保障，确保乡村旅游绿色、健康、持续快速发展。

二、我国乡村旅游发展的历史变迁

（一）农家乐形成：乡村旅游的起步阶段 (1988—1999 年)

乡村旅游作为一种旅游形态，起源于 19 世纪的欧洲。相比国外，我国乡村旅游起步较晚，其萌芽可以追溯至 20 世纪 50 年代的山东省石家庄村的外事接待。正式的现代乡村旅游起步于 20 世纪 80 年代末期，以 1988 年深圳首届荔枝节的成功举办为标志。改革开放初期，个别临近新兴工业城市与发展较快城市且景色优美的农村地区依托自身资源，自发组织并实施了乡村旅游活动，逐渐出现了休闲观光、田园风情、农家乐等旅游业态。当时，处于改革开放前沿阵地的深圳为了吸引更多商家投资，尝试着举办了首届荔枝节，不久又策划了采摘园，收获了巨大的经济效益。此后，全国多地不断效仿，争相创建特色鲜明且充满乡土风情的休闲观光旅游项目，乡村旅游遍地开花，逐渐造就了一批闻名四方的乡村旅游示范点，如四川成都龙泉驿书房村的桃花节、贵州的民族村寨游等。乡村旅游从民间自发组织起步，引起了地方政府继和中央政府的重视。政府的介入使得乡村旅游走向了规范化管理阶段，一改先前的无序混乱，追求规范科学，乡村旅游逐渐做大做强。1998 年国家旅游局依托乡土情怀深挖农家特色，大力推出农家旅游主题项目；1999 年国家旅游局再次提出并举办生态旅游年主题活动，倡导人们提高环保意识，助推乡村旅游可持续发展。乡村旅游逐渐由自发走向自觉、从被动走向主动。

（二）民宿游兴起：乡村旅游的发展阶段 (2000—2010 年)

随着经济发展与收入提高，人们对乡村旅游的消费需求与日俱增，乡村旅游赢得了巨大的发展空间。2000 年以后，我国的工业化与城市化进程提档增速，劳动力转移迫在眉睫，大量闲暇农民纷纷进城务工，开阔眼界，增长见识。2008 年世界经济危机的发生，使农民工进城打工与回乡就业或自主创业同时并存。个别有经济头脑的农民工凭借其进城务工所获取的资金积累及其对市民旅游消费需求的信息掌握，借助政府的政策引领与技术支持，尝试返乡创业，开发乡村旅游。此外，城市化进程的加快，使众多市民精神压力增大，生活质量下降，渴望拥有舒适安宁、释放压力之所，而乡村人的亲近自然、安静和谐、至朴至简、悠然安逸的生活方式刚好切合其旅游需求，乡村旅游自然成为首选。与出国或出境旅游相比，就近随行的乡村旅游因其自由灵活、便捷迅速、手续简单、费用低廉、绿色低碳、体验无限等特性，备受游客青睐。从旅游业态的核心构成看，这一阶段的乡村旅游突破了起步阶段的"农家乐"发展模式，新增了"民宿游"业态。相比初级简单、机械僵化、临时过渡性的农家乐旅游模式，民宿旅游可谓升级版的农家旅游，是一种休闲娱乐、休憩度假、康健养生的更高更深的旅游业态。在民宿旅游的视域中，乡村中的一山一水、一花一草、一枝一木、一果一蔬、一砖一瓦、一风一俗、一文一墨、一情一意等皆为旅游资源，极大地丰富了旅游产品，拓宽了乡村旅游空间。

（三）多元业态并存：乡村旅游的快速发展阶段（2010 年以后）

2010 年以后，尤其是党的十八大以来，随着人民收入和生活水平进一步提高，我国乡村旅游步入"快车道"，进入全面快速发展时期。据智研咨询集团《2017—2023 年中国乡村旅游行业分析及投资前景分析报告》数据显示，"2012 年中国城镇居民人均可支配收入约为 2.5 万元，他们利用休闲时间进行乡村旅游的平均比例为 63%，到 2017 年城镇居民人均可支配收入升至约 2.6 万元，而其利用休闲时间进行乡村旅游的平均比例也提高到了 73%"。近年来，中央政府对乡村旅游给予了高度重视与强力扶持，出台了许多政策文件。如 2016 年中央一号文件明文规定，各地应根据自身实际情况，依托本地特色资源优势，采取多种方式和多种途径，合理规划、科学调控、全面引导乡村旅游发展，着重发展乡村旅游业；2017 年中央一号文件同样对乡村旅游发展给予了极大关注，明确提出乡村旅游发展应坚持同步发展、一体化发展的基本理念，遵循融合发展的基本思路，尝试开展"旅游 +""生态 +"等多种运作模式，大力促进农林、教育与文旅等多种产业之间的深度融合与创新发展，丰富乡村旅游资源，大力发展乡村旅游产业；党的十九大提出了乡村振兴战略，再次明确乡村旅游在转变农业经营方式、优化农业结构、增加农民收入、重塑农村格局、实现农村繁荣等方面起着不可替代的作用，各级政府应高度重视和积极扶持本地乡村旅游。与此同时，乡村旅游市场不断繁荣。据国家旅游局数据显示，2015 年乡村旅游共接待游客约高达 22 亿人次，旅游创收约至 4400 亿元，相关从业人员约 790 万人，其中农民从业人员占据 630 万，累计 550 万农户受益；2016 年乡村旅游累计接待各地游客 21 亿余人次，旅游创收高达 5700 亿人民币，相关从业人员约 845 万人，共计 672 万农户受益。从旅游业态的主要构成看，这一阶段的乡村旅游突破了农家乐、民宿游等单一的旅游模式，开发出森林观光、溪河垂钓、田野采摘、徒步攀岩、山地骑射、劳作教育等多元化旅游业态，加速了乡村旅游的全面发展。

三、乡村振兴背景下乡村旅游发展的路向转型

（一）从"重金山"到"重青山"：树立绿色发展理念

人类文明历经黄色的农业文明与黑色的工业文明，逐渐过渡到绿色的生态文明。坚持绿色发展，走向生态文明，不仅是时代的要求，更是历史的必然。历届中央政府都高度重

视环境保护与生态文明，2013年习近平总书记明确提出我国的绿色发展理念："宁要绿水青山，不要金山银山，而且绿水青山就是金山银山"。发展农业与工业经济需要树立绿水发展理念，发展旅游经济更要将这一理念贯彻到底。乡村振兴一定要绿色振兴，乡村发展亦要可持续发展。乡村旅游作为乡村振兴重要一环，只有树立绿色发展理念，才能获得源源不断的发展动力；只有保护好乡村自然生态环境，才能保护好乡村的生产力；只有不断地改善乡村自然生态环境，才能更好地发展乡村生产力，实现乡村振兴。绿水青山是农村的核心竞争力所在，是农村最为基础、最为重要的旅游资源，是吸引游客前来旅游的底色和保障，是发展乡村旅游的基础和前提。长期以来，乡村旅游往往存在盲目发展、过度开发、污染环境、破坏生态等诸多问题，这种拿青山绿水换金山银山的做法无异于竭泽而渔，不可持续。当下，发展乡村旅游业，实现乡村旅游的绿色、生态、健康、可持续发展，离不开良好优美的自然生态环境。只有优先保障绿水青山，才能在乡村旅游中获取更多的金山银山。

（二）从"卖风光"到"卖风情"：注重自然人文并存

在旅游学与地理学视域中，风光和风情内涵迥异。风光特指自然风光，常常用来形容原始的或保留完好的未被人为开发、破坏的自然景象，如高山峻岭、深沟险壑、湖光山色、悬河瀑布、溪水潺涓、雾气升腾、大雨滂沱、细雨绵绵、阴云密布、风轻云淡、朗朗晴空、壮丽日出、夕阳西下、皓月当空等；风情则侧重于社会人文景象，在自然风光之中注入人文因素，充分体现了人类积极作为、认识自然、改造自然的主观能动性。自然景观与人文景观共同构成了乡村旅游景观，是乡村旅游发展的宝贵资源。发展乡村旅游，离不开自然景观与人文景观有效契合。然而，自然景观与人文景观孰轻孰重？对于乡村旅游而言，自然景观只能够满足游客最基本、最低层次的消费需要，而人文景观能够满足游客深层次、高级别的消费需要。乡村的自然景观是固有的、无法改变的，具有很大的限定性，使得乡村旅游发展表现出很大的局限性。而乡村的人文景观是人为的、容易改变的，具有很大的可控性，为乡村旅游提供了无限的发展空间。自然景观欠缺的乡村也能够充分发挥主观能动性，积极作为，通过打造人文景观，发展乡村旅游，从而契合全域旅游的发展理念。当下，乡村旅游仅凭良好的自然生态环境取胜的时代早已过去。面对激烈的旅游市场竞争，乡村旅游既要保护环境，维护生态，更要积极作为，努力开发具有特色的体现本土人文气息的旅游产品（如山地运动、野外求生、摄影写生、修学悟道、赏花赏月、劳作竞赛、攀岩探险、水上漂流、健身养生等），才能创收致富，更好更快地实现乡村振兴。

（三）从"种庄稼"到"种文化"：坚持融合发展原则

旅游是一种心灵的体验，旅游的灵魂和根基在于文化。离开文化发展旅游，犹如离开商品发展商业，灵魂不在，根基不存，发展必将无以为继。文化是旅游走向繁荣发展的关键，任何对优秀文化的保护与传承都是对旅游自身的保护与发展；反之，任何对优秀文化的遗弃与伤害都是对旅游自身的遗弃与削弱，乡村旅游亦不例外。因此，乡村旅游业应该改变长期以来的传统发展模式，从根本上重视文化建设，保护并深入挖掘本地优秀传统文化，创新开发出形式多样、内涵丰富、特色彰显的文化产品，形成"种文化"的发展模式。这要求乡村旅游坚持融合发展的基本原则，"推动更多资本、技术、人才等要素向农业农村流动，形成现代农业产业体系，促进一二三产业融合发展"，进而促使乡村由单一的农业经济向多种产业融合并存的多元化经济转化，拓宽并优化乡村产业结构，全面实现乡村振兴。乡村文化的种类有很多，既包括传统历史文化，如民俗风情、古村落（寨）、古民居、古祠堂、古牌坊、古道路、古桥洞、古碑亭、古器具、传统民艺、传统戏曲、民族舞乐等；又包括现代新兴文化，如劳作竞赛、美食大赛、才艺比拼、欢庆丰收节等。从"种庄稼"到"种文化"的转化要求我们既保护与传承传统历史文化，又重视与发展现代新兴文化。一方面，挖掘优秀传统文化，注重文化传承创新，将那些濒临消失的风土人情、传统礼仪、老房子、旧村寨、破家具、传家宝、看家绝活等以活态方式保护起来，不断进行传承与创新；另一方面，拓宽农业附加值，注入"种庄稼"的过程体验，如举办插秧比赛、秋收比赛、最大果实评比、美食文化节等，通过主题开发、文化展示、网络营销等方式推向市场，提高乡村知名度。

（四）从"当配角"到"唱主角"：遵循农村发展规律

农村是农民的村庄，农民是农村的乡民。农村是属于农民的，农民亦是归于农村的。农村与农民不能分离亦不可分离，两者戚戚相关、荣辱与共。实施乡村振兴，发展乡村旅游，必须走近农民、信任农民、依赖农民与服务农民，充分调动与发挥农民的积极主动性，遵循农村发展规律，融合多种产业，优化农业结构，始终把农民的利益置于首位。乡村旅游发展不能以任何理由与借口将农民拒之门外，更不能以规划、投资、开发为由损害农业、牺牲农民。在乡村旅游开发中，要坚决杜绝和排斥农民、破坏农业等现象发生。"把传统村落里的老百姓迁出去，把房子租给外来人或由公司经营，雇一些人表演性地再现传统文化与乡村技艺，或者破坏地形地貌和景观生态大兴土木再造景点，这些做法均与乡村振兴战略的理念背道而驰，也难以做到乡村文化的保护、传承与创新"，更无法实现乡村旅游的健康、绿色与可持续发展。农业、农村与农民融合统一于乡村文化之中，构成了一个三位一体、无法分割的系统。脱离了农民，乡村旅游必将变得空洞单调、矫揉造作，流于形式，丢失根基，失去持续发展的生命力。农民在农村开展农业劳动的生活过程可以转化成旅游服务和开发经营过程，唯有将二者有机结合为发展共同体与利益共享体，才能充分激发农民参与旅游开发、传承乡土文化的主动性和积极性，从而实现乡村旅游发展的良性循环。

第三节　乡村振兴战略背景下的乡村旅游智力扶贫

旅游扶贫是推进实施乡村振兴战略的重要路径之一。因为乡村居民普遍存在旅游开发与经营管理专业知识和能力方面的不足，所以旅游智力扶贫是乡村旅游扶贫工作中的关键问题。在乡村振兴战略背景下，乡村旅游智力扶贫的关键内容应该包括三大方面：强化乡村居民通过旅游发展而致富的思想意识、领悟成功要诀、掌握具体技能。乡村旅游智力扶贫的具体实施可以通过推动旅游景区带动乡村社区、推进乡村居民主动通过旅游发展而致富和推行旅游人才注入政策等路径来实现。

从"社会主义新农村建设"到"美丽乡村建设"，再到"乡村振兴战略的提出与实施"，乡村地区一直是我国发展建设的重要组成部分，也是我国全民脱贫致富的关键所在。在2017年中国共产党第十九次全国代表大会报告中，乡村振兴战略被作为国家战略。2018年初，国务院颁布了《中共中央国务院关于实施乡村振兴战略的意见》，开始在全国范围内大力实施乡村振兴战略。随后，国家出台了《关于支持深度贫困地区旅游扶贫行动方案》，聚焦深度贫困地区，切实加大旅游扶贫支持力度。在这样的国家战略背景下，乡村旅游发展迎来了前所未有的机遇。大力发展乡村旅游不仅是深入贯彻落实乡村振兴战略的有效路径之一，而且是贫困乡村地区脱贫致富的重要手段之一。当前，我国乡村地区的旅游扶贫工作受到各级政府的高度重视，旅游扶贫已经成为我国脱贫攻坚、实现乡村振兴的生力军。在众多乡村旅游扶贫手段中，旅游智力扶贫成为关键所在，并且已经成为乡村居民彻底脱贫致富和实现乡村振兴的重要推手。

一、乡村振兴战略背景下乡村旅游智力扶贫的重要性

根据国家关于乡村振兴战略的部署，各主要部门、各级地方政府纷纷制订区域性乡村振兴战略，使乡村振兴战略思想细化到各乡村地区，渗透到各个乡村产业，为解决以往的城乡发展不平衡、农村发展不充分、农民的美好生活需要未得到满足等问题带来了广阔的前景。旅游业具有产业关联性广、综合带动性强等产业发展优势，以乡村旅游发展助推乡村振兴战略的推进与落实，成为很多乡村地区的首选。乡村旅游业的长远发展离不开旅游开发和管理人才，在贫困乡村地区开展旅游扶贫工作更离不开当地居民的旅游开发和经营管理能力。目前，乡村居民普遍缺乏旅游开发与管理方面的专业知识和能力，他们在旅游发展实践中常常处于不利地位。很多乡村居民想进行投资，但是由于不懂旅游开发、不懂旅游经营管理，就出现了"赢得起、输不起"的心态，不敢轻易向乡村旅游产业投资。

我国以往采取的政府"输血"式扶贫常常导致被帮扶者产生"等、靠、要"的懒惰思想，扶贫效果并不理想。乡村旅游扶贫的重点不应仅仅是资金扶持和物质支持，关键在于实施"开发"式扶贫，即帮助乡村居民提升旅游开发和运营方面的能力，通过旅游智力扶贫让他们更愿意积极主动地参与乡村旅游产业开发。政府不应直接把资金交给希望开发旅游的农民，而应该帮助他们学习乡村旅游开发和运营的科学方法，让他们懂得乡村文化旅游、社区旅游开发、优质旅游接待、增强游客的旅游体验、优化旅游人文环境和旅游地形象等基本原理。只有提升乡村居民的旅游生产软实力，切实提升其旅游经营水平和收益水平，才能真正地贯彻落实乡村旅游发展助力乡村振兴战略。

二、乡村振兴战略背景下乡村旅游智力扶贫的关键内容

刘合光提出乡村振兴战略实施的关键在于抓住"人、地、钱"三大关键要素。人就是乡村居民，即农民；地就是土地、村庄、农田农业；钱是指公共财政和社会资源向三农倾斜。在乡村振兴战略背景下实施乡村旅游扶贫，关键点在于抓住"人"这一核心要素进行旅游智力帮扶。旅游智力帮扶也要抓住关键点，掌握关键的智力帮扶内容，只有找对抓手，才能达到预期的扶贫效果。从总体上看，乡村旅游智力扶贫的关键内容应该包含三大方面内容：在精神层面使乡村居民形成并强化通过旅游发展致富的思想意识、在宏观层面让他们领悟成功要诀、在具体层面掌握相关技能。

（一）精神与观念层面：强化通过旅游发展致富的意识

旅游智力扶贫的第一步是触发乡村居民的"思想革命"，实施"精神扶贫"，让他们更新传统的思想观念，相信"旅游发展可以致富"。乡村旅游扶贫从本质上看是依赖社会各界力量的扶持，使乡村地区居民利用本地资源、区位、市场基础发展地方性旅游产业，带动本地经济与社会发展，实现脱贫致富的目标。精神扶贫重在使乡村居民树立"旅游发展可以脱贫致富"的信念，积极主动参与旅游发展并且力争成为旅游接待的主导力量。第二步是需要乡村居民认识到"发展旅游是必须用心的"，让乡村居民在宏观上认识到发展旅游看似简单，而成功的关键在于是否用心经营。乡村旅游参与者必须有强烈的旅游市场意识、诚信经营信念、可持续发展理念，在价值观念上认同旅游业是一个"需要用心经营、科学合理开发与经营才能致富"的行业。

（二）宏观层面：领悟通过旅游发展致富的成功要诀

在形成通过旅游发展致富意识的基础上，乡村居民还必须在内心深刻领悟成功要诀，也就是懂得如何发展旅游才能获得成功。

首先，乡村居民必须认识到旅游消费属于精神消费，游客购买的是"旅游消费经历和体验过程"。游客首先看重的是消费过程中的心情体验，而不是有形实体。

其次，乡村居民要懂得通过塑造"个性和新奇"的旅游体验来吸引游客，既体现在差异化上，也体现在不断地变换花样，常变常新，从而不断为游客塑造不同的旅游体验经历。要达到这样的效果就必须不断进行自我创新，避免抄袭复制，杜绝雷同。

再次，乡村居民必须理解全域旅游环境对旅游者消费体验的重要影响。乡村地区的自然环境和人文社会环境不仅是乡村旅游发展的基础依托，同时也是乡村旅游整体产品的构成元素。

最后，乡村居民必须坚持诚信经营、坚持可持续发展。乡村旅游地短暂的成功并不能从根本上实现旅游脱贫，也难以实现持久的乡村振兴。只有在精神上坚持可持续发展理念，在行动上坚持诚信友善经营，不坑蒙拐骗，才能实现乡村地区的长久振兴。

（三）微观层面：掌握通过旅游发展致富的具体技能

在真正领悟通过旅游发展致富的成功要诀基础上，乡村居民还必须掌握旅游开发与运营的具体技能，知道"具体该怎样开发旅游"。

第一，乡村居民应该掌握旅游开发手段，学会打造乡村旅游特色。每处旅游地都有其独特的资源要素。只有将这些独特的自然或者人文要素合理挖掘利用，通过实施文化旅游、创意旅游和主题旅游，实现农旅融合，形成独特的旅游文化 IP（Intellectual Property），才能产生持续不断的旅游吸引力。IP 的基本意思是知识产权，但在形成旅游 IP 时，是指形成围绕一个文化符号构建出的产业矩阵形态。文化旅游形式更具可持续性，将文化资源转化为旅游产品更易获取文化附加值；将乡村文化和创意产业深度融合，引导游客参与互动，更易强化旅游体验深度。每个村落或者社区围绕自身文化元素、地脉和文脉打造一个特定主题旅游区，更易形成个性鲜明的特色化旅游 IP。依托简单鲜明、有特色元素和符号的地方文化，很容易打造出具有排他性和独特性的旅游 IP。在进行旅游开发时，应该尽可能地实现农业、文化、旅游的全面融合和全域融合，"大力发展乡村旅游，提升文化旅游业态"，产生最广泛的产业拉动效应。同时，在创意化和主题化前提下对具体内容形式实施"常变常新"策略，这样可以拥有持久的旅游吸引力和生命力。例如：一个村落可以围绕"一个故事"展开旅游开发，在具体的活动设计中应该多增加"手工坊"之类的主客互动、全身心体验型项目。乡村旅游项目的设计重点不在于是否高端，而在于有体验、有主题、有差异、有真实性。

第二，乡村居民应该掌握旅游接待技能，保证旅游接待服务质量，力争实现提供优质旅游服务。旅游接待过程同样属于游客的旅游体验内容，其重要性不亚于旅游吸引物的吸引力。如果乡村居民只会进行旅游产品开发而不会经营，那么乡村旅游就不会有持久的生命力。乡村旅游经营者必须秉承诚信友善的经营理念，在主客互动、服务内容、服务质量以及自身的言谈举止等方面充分展现优质旅游的场域氛围，将游客现场体验的过程视为旅游营销的过程，不断地提高游客的满意度和忠诚度。这样不需要投入太多的营销成本，就能产生"酒香不怕巷子深"的营销效果。

三、乡村振兴战略背景下乡村旅游智力扶贫的实施路径

（一）通过旅游景区带动乡村社区发展

旅游景区带动乡村社区的发展演化可分为四个阶段，也可以理解为四种发展水平。第一阶段为当地居民到景区就业阶段；第二阶段为乡村居民自主创业阶段，包括依托当地景区进行依附式创业和自主创建旅游社区两种情况；第三阶段为景区主导下的景区与社区合作阶段，包括景区企业到乡村社区投资，进而创建旅游社区和景区与社区建立不平等合作关系两种情况；第四阶段为景区与乡村社区平等合作双赢阶段。可以看出，这四个阶段是伴随着乡村居民的旅游致富思想成熟而逐步演化升级的。目前在不同的乡村地区，乡村居

民旅游致富的智力和能力各有差异，适合采用景区带动乡村社区发展的形式也各有不同。在当前的乡村振兴战略背景下，当地政府部门必须发挥主导作用，根据本地实际情况形成相应的双赢机制，出台奖惩政策，推动旅游景区带动乡村社区协同发展，也可以使乡村居民就近学到基本的旅游开发与管理知识。同时，政府应该确保避免出现当地居民被"边缘化"的现象，杜绝发生将本地乡村居民排除在外而孤立发展的"旅游孤岛"现象。

（二）通过旅游发展带动乡村居民致富

以乡村旅游发展助推实现乡村振兴，一方面需要发挥政府的宏观主导作用；另一方面也必须确保乡村居民的主体性作用。乡村居民要依赖旅游业发展真正实现乡村振兴，就必须获得自我成长，成为旅游发展中的主导力量，进而拥有旅游开发决策和收益的主导权。当地政府除了推动当地景区带动乡村居民通过旅游发展致富之外，还应该直接参与组织乡村居民的学习与培训。基层政府、行政单位应该响应和配合实施乡村旅游助推乡村振兴战略，乡村基层党组织带头人尤其应该发挥引领作用，督促民间协会和社区精英发挥带头作用，组织群众参加旅游开发和接待的培训学习。政府既可以采取"将专家请进来指导，让农民走出去学习"的形式，也可以选调旅游专家实施定点智力扶贫，或者实施旅游院校对口帮扶项目，对乡村旅游地进行旅游规划和发展咨询。最终让乡村居民形成强烈的旅游发展致富意识，理解旅游发展致富的成功要诀，掌握旅游发展致富的具体手段，拥有通过旅游发展而致富的能力。

（三）实施旅游人才注入政策

在乡村旅游助力乡村振兴的进程中，缺乏旅游专业人才是最大的问题。乡村居民在受教育水平、对新知识的接受与理解能力、综合素养等方面普遍存在不足，所以旅游智力增长速度比较缓慢，旅游助力乡村振兴的前进步伐也比较缓慢。要快速展现乡村旅游智力扶贫的效果，就需要对乡村旅游地实施旅游智力"注血"，同时增强其造血功能。当地政府首先应该制定相应的旅游人才吸引政策，积极引进旅游专业人才，一方面可以吸引外地人才前往乡村地区就业、创业；另一方面重点号召本土大学生回乡就业、创业。吸引本地人才回乡创业，带领乡亲们共同致富，不仅是最有效的人才注入举措，而且可以增强乡村旅游地的"造血"功能，加快旅游智力传播速度，实现长久的乡村振兴。

贯彻和落实乡村振兴战略，深入发展乡村旅游是一种重要的路径选择。乡村地区旅游扶贫的关键问题在于旅游智力扶贫，旅游智力扶贫的实施也必须抓住关键内容。旅游智力扶贫的具体实施需要在当地政府的主导下构建合理的乡村旅游扶贫与受益机制，开展"乡村旅游扶贫工程"，保障乡村居民在乡村旅游发展中的主导地位和收益。在实施乡村旅游智力扶贫的同时，也要推动社会公共资源向乡村旅游地倾斜，创造相应的配套条件。只有这样，才能真正通过发展乡村旅游实现持久的乡村振兴。

第四节　乡村振兴战略下乡村旅游合作社发展

乡村旅游是乡村振兴的产业发展选择，乡村旅游合作社是促进乡村振兴的有效载体，研究乡村旅游合作社的发展对于乡村振兴具有重要的现实价值。本节阐述了乡村旅游合作社的含义及基本特征，简要分析其发展现状，剖析了合作社在基层干部辅导能力、合作社管理人才、合作社抗风险能力等三个角度的发展困境，提出了形成乡村旅游合作社发展的指导性意见、将合作社打造成乡村"双创"平台、打造合作社联社等有助于乡村旅游合作社发展的创新策略。

乡村旅游是乡村振兴的产业发展选择，是践行乡村振兴的嬗变路径。2015 年 11 月江西省第一家乡村旅游专业合作社"萍乡市武功山红岩谷乡村生态旅游专业合作社"成立，拥有社员 22 户，带动了乡村 180 余人就近就业。江西大余县、于都县等通过"景区 + 旅游合作社 + 贫困户""旅游合作社 + 贫困户"等模式，吸纳农户、贫困户以土地、房产、劳动力、自有资金或扶贫资金等要素入股，积极探索了旅游扶贫与合作社协同发展的新思路新实践，开创了乡村旅游扶贫新局面。乡村的振兴和乡村旅游的发展需要源自基层的实践创新，也需要来自政府层面的政策扶持。2016 年底国务院颁布的《"十三五"旅游业发展规划》明确提出"创新乡村旅游组织方式，推广乡村旅游合作社模式"。2017 年中央"一号文件"在"大力发展乡村休闲旅游产业"中首次提出"鼓励农村集体经济组织创办乡村旅游合作社"。目前乡村旅游合作社已经从基层的实践创新转变为各地旅游发展的重点工作，乡村旅游合作社成为促进乡村振兴的有效载体。

在乡村振兴战略推进和乡村旅游大开发形势下，如何引导和激励乡村旅游合作社的健康发展，是当前政府、业界和学术界共同关注的热点问题。本节通过对乡村旅游合作社的含义和基本特征的分析以及乡村旅游合作社发展现状、发展困境的剖析，提出相应的政策建议，这对于我国乡村旅游合作社的理论研究和实践指导均具有重要的意义。

一、乡村旅游合作社的含义与基本特征

乡村旅游合作社是在农村家庭承包经营基础上，由以农民为主体的乡村旅游经营者自愿联合、依法经营、民主管理的按照市场机制运行的互助性经济组织。

（一）农村家庭承包经营制度是乡村旅游合作社建立的重要基础

农村家庭承包经营制度是我国农村的一项基本制度，是集体组织将土地等生产资料承包给农村家庭进行经营的农业生产形式。从法律属性上来说，乡村旅游合作社是依照《中华人民共和国农民专业合作社法》(以下简称《合作社法》)建立的农民经济组织，是农民专业合作社的一种类型。2018 年 7 月新实施的《合作社法》第二条指出"本法所称农民

专业合作社，是指在农村家庭承包经营基础上，农产品的生产经营者或者农业生产经营服务的提供者、利用者，自愿联合、民主管理的互助性经济组织"。因此，乡村旅游合作社经营的核心要素如土地承包经营权、林地经营权以及集体组织的其他一些资产，在农村家庭承包制度的基础上，才得以变资源为资本，推动乡村旅游合作社的合法组建，合作社社员才能充分发挥生产经营的自主权和主动性，并依法享有生产资料及其增值产出的占有权、使用权、分配权等。

在当前乡村旅游合作社的发展实践中，以土地承包经营权、林权等农村家庭承包经营基础上所赋予农户的权益，常可以作价出资、量化入股，与资金、科技、劳动力等要素集聚，组建成具有要素股份化特征的乡村旅游合作社，探索出符合当前农村新型合作经济发展态势下的乡村旅游资源集约化发展模式。

（二）农民是乡村旅游合作社发展的核心主体

农民富裕是乡村振兴的根本，是当前我国消除贫困、改善民生的重大任务。发展乡村旅游，是农村新产业新业态，其目标之一是提高农民收入，增加农民福祉。在乡村旅游合作社的发展实践中，农村能人、专业大户、农村新乡贤、返乡大学生等新型农民在政府引导、企业引领或者自己创办等方式下，组织农村社区农民组建和经营合作社，发展休闲农业，开发乡村旅游。多元化参与的乡村旅游合作社必须以农民为主体，不能在发展中脱离农民，抛弃农民利益，否则，合作社将异化成资本下乡掠夺农村财富的工具。《合作社法》第二十条规定农民社员至少要占社员总数的 80%，农民必定是合作社发展的核心主体，这样才能真正体现合作社是农民的合作社，农民是合作社的主人，真正体现合作社为农民服务的宗旨。

（三）自愿联合、依法经营、民主管理是乡村旅游合作社经营的基本原则

坚持农民自愿的原则。乡村旅游合作社是农民自己的组织，任何机构或个人均不能强迫农民加入或退出合作社。农民享有"入社自愿、退社自由"的权益。在合作社发展中要充分尊重农民的意愿，地方政府或机构不能因政绩需要、利益纠纷而以行政干预手段，或强迫命令，或包办包干，违背农民意愿。

坚持依法经营的原则。制定和修改《合作社法》，是为了农民合作社的发展，使合作社的组织更规范，行为更合法。对外保障农民合作社与其他市场主体一样，享有平等的法律地位，也意味着合作社的生存和发展都需要按照市场机制运行，参与激烈的市场竞争，适者生存，不适者淘汰。对内保障了合作社的日常经营及农民社员的合法权益，从社员资格、出资方式、股份要素、生产标准、管理制度、盈余分配等方面规范和约束合作社及社员行为，使合作社内部管理能实现现代企业化管理，增强参与市场竞争的能力。

坚持民主管理的原则。民主管理是合作社区别于其他企业组织的显著特征，《合作社法》对合作社的民主管理提出了具体要求，落实好《合作社法》，搞好合作社的民主管理，才能体现"以服务成员为宗旨"，为合作社成员提供互助性的生存经营服务。服务社员不

以营利为目的，通过合作互助，民主管理，提高合作社办社效益，提高农民的收入，从而提升农民的入社积极性，提升农民参与市场的能力。

二、乡村旅游合作社发展的现状

（一）乡村旅游合作社起步晚、发展快

我国乡村旅游的发展始于 20 世纪末 80、90 年代，"吃农家饭、住农家院"的"农家乐"发展模式吸引了不少城市旅游者，但处于自我发展时期，缺乏政府引导以及规范管理。随着新农村建设、美丽乡村、产业扶贫、乡村振兴等战略的不断推进，乡村旅游已成为我国旅游产业发展的生力军。传统的农家饭、田间采摘等乡村体验活动已无法满足城乡居民的休闲文化需求，乡村旅游进入内容升级和服务升级的快速发展阶段。2007 年《农民专业合作社法》的实施前后，众多的农民专业合作社以种植业、养殖业等作为主业，农家乐、田园采摘等旅游服务仅仅是作为合作社的副业，还不是真正意义上的旅游专业合作社。

2015 年下半年国家将旅游项目纳入专项建设基金支持领域以来，2016 年中央一号文件提出"大力发展休闲农业和乡村旅游"，2017 年到 2019 年国家旅游局、国务院扶贫办、农业局、国家发改委等部委颁布或联合颁布的一系列的支持乡村旅游的政策密集出台，为乡村旅游发展和乡村旅游专业合作社兴起提供了政策措施和保障，地方政府也为旅游专业合作社的规范发展制定了相关的政策意见。如四川省 2016 年 4 月出台了《关于大力发展乡村旅游合作社的指导意见》，到 2016 年底，四川省就注册各类旅游专业合作社 2953 家，占农民专业合作社总量的 5%，乡村旅游合作社的发展进入快车道。

（二）乡村旅游合作社发展模式多样化

牵头领办或创建合作社的多是乡村能人、经营大户、村干部、返乡大学生等，一方面他们要引导农户、贫困户以自有资金、扶贫资金、林地经营权、土地经营权、房屋等资源要素以专业合作、股份合作等方式加入合作社；另一方面他们要吸引旅游公司、龙头企业等也以股份合作、合同制等利益联结方式参与乡村旅游开发，进行市场开拓。除了上面提到的大余县、于都县的"景区＋旅游合作社＋贫困户""旅游合作社＋贫困户"等模式外，乡村旅游合作社的经营模式还有诸如"公司＋旅游合作社＋农户""旅游合作社＋景区＋农户""村集体＋旅游合作社＋农户""旅游合作社＋基地＋农户"等模式。旅游合作社的领导者或管理者需结合村民意愿、当地实情，选择适合本地旅游资源和市场开发的合作社经营模式。无论选择哪种经营模式，乡村旅游合作社都需秉承服务农民的宗旨，增强农民进入市场的组织能力和抗风险能力，有效提高农民收入，提升农民参与乡村旅游开发的积极性。

（三）乡村旅游合作社经营业务多元化

农民专业合作社的成立，从合法性上说需要在当地的工商行政管理局登记注册，其合

法的经营业务应当是在登记注册时的业务范围内。乡村旅游合作社的经营业务范围在登记注册时就需说明，经营业务呈现多元化的特点。从旅游服务提供的角度，可以分为三大类：第一类是只从事乡村旅游项目开发和乡村旅游业务，如婺源县远上寒山乡村旅游专业合作社在其工商注册时的业务范围是生态旅游、民俗旅游，提供的只是旅游产品和服务。第二类是以乡村旅游服务为主、种养业为辅，主要提供餐饮、住宿、休闲体验等旅游活动和产品，如宜春市明月山品儒庄园乡村旅游农民专业合作社的注册经营业务范围是土特产及旅游产品的生产、销售，餐饮、住宿、休闲娱乐等旅游活动服务，辅以种植水果蔬菜、养殖鸡鸭鱼等。第三类是以乡村旅游服务为辅、种养业为主，在种养业销售的基础上提供动植物观赏、田园采摘垂钓等休闲趣事活动，如宜春市硒水鹿园乡村旅游专业合作社的注册经营范围是梅花鹿及其他畜禽、水产养殖销售，生态旅游观光、乡村旅游农家乐为辅。

早期的农民专业合作社主要是单纯地从事农业生产经营，由于旅游休闲活动需求少，涉及的旅游服务也不多，其注册的合作社名称也很少带有"旅游"或"乡村旅游"字词。随着乡村旅游市场的需求增加，简单的农家体验不能满足消费者对乡村特色文化的需求，越来越多的合作社除了使用"旅游""乡村旅游"字词外，在注册的名称上体现提供旅游休闲活动的特点，展现其经营业务的特色。这些变化正好说明农民专业合作社的业务服务范围，从基础的农业生产销售到一二三产业的农旅融合、文旅融合。农业与旅游业在乡村旅游合作社载体上的融合，实现农村资源要素的有效契合，节约农民与市场的对接成本，切合乡村旅游发展的变化趋势。

三、乡村旅游合作社发展的困境

与农民专业合作社最初的发展状况相似，乡村旅游合作社的发展同样存在着许多困境，如农民对乡村旅游合作社认知不足、政府扶持不力、内部管理不善、领头人不强等。根据笔者在基层的调查，仅从以下三个方面阐述乡村旅游合作社发展的困境。

（一）基层干部辅导乡村旅游合作社心力不足

基于政府的工作目标，在乡村旅游开发中，政府的主导作用显然有其目的性和必要性。乡村旅游的发展离不开乡村旅游组织形式的创新，乡村旅游合作社是在政府部门相关政策引导下，通过农民自愿联合而成立的农民组织。在乡村旅游的政策宣传、基础设施建设、村民旅游知识技能培训等具体方面，政府发挥了重要的领导作用。

从中央到地方，支持乡村旅游合作社的相关政策频繁出台，如2016年底国务院颁布的《"十三五"旅游业发展规划》提出"推广乡村旅游合作社模式"、2017年中央"一号文件"提出"鼓励农村集体经济组织创办乡村旅游合作社"、2016年四川省《大力发展乡村旅游合作社的指导意见》，充分彰显了政府对乡村旅游合作社发展的重视。然而，真正在基层干部落实当中，存在些先天不足。一是扶持政策"只响雷、不下雨""僧多粥少"，真正需要"钱财物人"的支持时，扶持政策很难落实，基层干部无所适从。二是牵涉的基层部门多，基层干部"不知该管不该管",管理难。三是乡村旅游产业作为农村发展新型事物,许多基层干部缺乏相关经验,对乡村旅游合作社的发展缺乏能力辅导,心力不足。这样,乡村旅游合作社的发展必然出现"重成立、轻发展""重数量、轻质量"的短期政绩观,影响乡村旅游合作社的后期品质建设。

(二)乡村旅游合作社经营管理人才缺乏

乡村旅游合作社是现代企业制度的合作社,从其筹备建立、信用融资、社员入社退社、股份设立、盈余分红等需要现代企业管理的理念和方式。在旅游产品开发和活动策划上,传统农家乐和采摘垂钓并不能满足当前城乡旅游消费者日渐增长的文化休闲需求,无论是民俗文化的开发,还是农耕文化的挖掘,都需要合作社的管理者具备一定的历史文化知识和节庆活动策划能力。另外,在消费者市场的拓展上,需要"互联网+"、新媒体营销手段的宣传和营销,运营微信公众号、旅游 APP,成为合作社营销实力的体现。乡村旅游合作社的发起人或者带头人是乡村能人、专业大户等,基本是最初在经营种养业、农家乐等基础上发展而来,运营合作社的旅游产品创新、营销创新的管理能力不强,乡村旅游合作社普遍出现经营管理人才的缺乏。

(三)乡村旅游合作社抗风险能力弱

乡村旅游合作社不是福利组织,是要将农民联合起来,按照市场机制运行共同参与激烈的市场竞争。但乡村旅游合作社存在抗风险能力弱的状况,参与市场竞争的实力不强。从外在来看,乡村旅游合作社一般依托的是本村的旅游资源,普遍存在规模小的特点,能吸纳的本村村民社员大多在 10~30 余户,且经营项目单一,提供的旅游产品或服务同质化现象严重。前文提到的旅游合作社经营管理人才缺乏,旅游产品创新能力不足,市场开拓能力有限等,导致合作社缺乏创建核心竞争能力的实力,市场竞争力不强。内部管理控制上,由于社员主要是本村村民,甚至吸纳了众多的贫困户,社员的异质性大,使得社员管理难度大,缺乏凝聚力,社员合作意识缺乏,如在旅游商品销售或服务时争夺游客,易形成违反合作社管理章程或契约安排的非合作行为。在资金运作和管理、利益分配上,内部制度不完善,民主管理流于形式,严重违背服务社员的服务宗旨。

四、乡村旅游合作社发展的创新策略

(一)厘清各项支持政策,形成合作社发展的指导性意见,合力发力

关注"三农"的支农惠农政策层出不穷,但"三农"问题依然严峻,其中原因之一是政策支持"三农"所投放的资源处于碎片化运行状态,无法集中发力。针对如此情况,为做好乡村旅游合作社的发展工作,山东省东营市旅游局在 2010 年就发出了《关于大力发展乡村旅游专业合作社的通知》,四川省 2016 年提出了《大力发展乡村旅游合作社的指导意见》。其他地区各级政府也应针对本地方乡村旅游合作社发展的实际状况,通过对惠农

政策的分类梳理，如扶贫政策、合作社政策，或者税收政策、补贴政策、保障政策等，理出乡村旅游合作社发展的若干支持政策，并形成支持乡村旅游合作社发展的指导性意见。这些指导性意见把各项政策合力形成专项支持政策，发力助力合作社的发展。另外，这些指导性意见对于基层干部来说，既能有针对性地帮扶乡村旅游合作社的发展，又能提升基层干部的政策解读能力和执行能力。当然，对基层干部业务能力也有必要进行专项培训，能解农民之所惑，以加强干群关系。

（二）将乡村旅游合作社打造成乡村"双创"平台，引智引资

近年来乡村"大众创业、万众创新"的"双创"热潮不断，围绕着农村经济社会发展，乡村创客们在农村电商、新技术推广、乡村旅游、乡土文化传播等方面，用实际行动做乡村振兴的践行者。乡村旅游合作社为农村绿色发展增添了新动能，在"双创"热潮下，将乡村旅游合作社打造成返乡大学生、返乡创业农民工、返乡退伍士兵、乡间能人等的乡村"双创"平台，有利于社会资本的汇集和创业能人与管理人才的引入，成为助农兴农的有力平台。

政府在乡村"双创"活动中打造工作新思路。在乡村旅游发展上，政府除了引进一些旅游公司、农业园区等之外，要将农民自己的互助性经济组织——乡村旅游合作社作为工作内容之一，吸引返乡创业农民工、返乡大学生等发起或加入乡村旅游合作社。结合新时期消费者需求特点，将"互联网＋农业""互联网＋旅游"、新媒体营销等互联网时代的新技术新模式引入到乡村旅游合作社的发展，让合作社搭上乡村"双创"的快车，享受乡村"双创"平台的各种政策扶持，为乡村振兴助力。

（三）乡村旅游合作社联合创建联社，提升化险御险能力

由于乡村旅游合作社发展仍处于起步阶段，规模小，旅游产品和服务单一，经营管理人才缺乏，内部制度不完善，抵御市场风险能力弱。由政府牵头，市场运作，将各乡村旅游合作社联合，或者和其他专业合作社联合，打造乡村旅游合作社联社，将有利于各成员社提升化解风险抵御风险的能力。地方政府对联社的指导、管理和政策支持，从管理效率上来说将优于面对单一的合作社的服务。打造联社，可以根据各地的实际情况，在乡域、县域，甚至市域范围内开展。联社可以在旅游规划、旅游产品开发、社员培训、营销推广和市场开拓等方面解决单一合作社成本大、效果差的问题。联社为各成员社提供整体规划和指导服务，各成员社在联社的统一领导下，结合乡村旅游发展的"一乡一品""一村一品"等策略，努力挖掘红色、古色、绿色等本乡本村的乡土资源，共享旅游资源，同拓旅游市场，共御市场风险。

乡村旅游合作社只是乡村振兴战略下乡村旅游发展的组织形式之一。"公司＋农户"的乡村旅游公司、农业观光园景区等乡村旅游组织模式，与当地农民的利益联结弱，农户只是典型的打工仔。"乡村旅游合作社＋农户"的乡村旅游发展组织模式，以农民社员为主体，其以房屋、土地、林权、资金等多种资源要素入股，共同开发乡村旅游资源，共筑

农村新型合作经济。发展好乡村旅游合作社，能让村民共享乡村旅游资源开发的红利，共同谱写乡村振兴的篇章，实现农民、乡村旅游合作社、政府的多方共赢。

第五节　提升乡村旅游发展质量推动乡村振兴战略

全面推进乡村振兴是党的十九大作出的重大决策部署。习近平总书记在 2018 年 3 月参加十三届全国人大一次会议山东代表团审议时指出，山东要充分发挥农业大省优势，打造乡村振兴的齐鲁样板。某省乡村旅游资源丰富基础较好，完全有条件在全国率先打造乡村旅游的样板。乡村旅游高质量发展是实现乡村振兴的重要方面。乡村旅游规模迅速扩大后，乡村旅游转型升级、提质增效已成为某省乡村旅游发展面临的主要问题。2018 年 7 月至 11 月，我们会同原省旅发委组成调研组，围绕加快乡村旅游高质量发展，推动乡村振兴战略实施这一课题，先后赴甘肃、陕西两省考察学习，在省内深入临沂、日照等市的乡村旅游点实地了解情况，同时还委托威海、德州等市协助调研并提供情况。在此基础上，调研组坚持问题导向，多次讨论研究形成调研报告。

一、发展乡村旅游是乡村振兴的重要驱动

截至目前，全省规模化发展乡村旅游的村庄达到 3500 多个，乡村旅游经营业户 8.4 万户，吸纳安置城乡就业人口 52 万多人。2017 年，全省乡村旅游接待游客 4.45 亿人次，超过全省旅游接待总数的二分之一，实现乡村旅游消费 2549 亿元，超过全省旅游消费的四分之一。2018 年前三季度，全省乡村旅游接待游客 3.59 亿人次，乡村旅游消费总额 2032.74 亿元，同比分别增长 12.29% 和 15.50%，乡村旅游已经成为乡村振兴的重要推手。

（一）发展乡村旅游促进乡村产业振兴

近年来，通过发展乡村旅游，某省建设了兰陵国家农业公园、寿光蔬菜高科技示范园、济宁南阳湖农场等 100 多处不同产业类型的乡村旅游园区。打造了济南齐鲁八号风情线、蓬莱丘山山谷、肥城桃文化等 30 多个乡村旅游集群片区和安丘市齐鲁酒地健康小镇、沂水县传奇崮乡小镇、夏津县德百小镇等 20 多个精品旅游小镇，涌现出一批产业特色突出、经济效益明显的田园旅游综合体。乡村旅游收入已成为乡村集体经济收入的重要来源。

（二）发展乡村旅游促进乡村人才回归

从 2013 年开始，某省不断加大对乡村旅游和旅游扶贫从业人员的培训力度，连续六年组织 6900 多名乡村旅游带头人赴日本、法国、意大利、台湾等地区和地区学习培训。这些人员已经成为山东乡村旅游发展的骨干力量和项目带头人，2000 多个乡村旅游资源禀赋好的村庄得到开发和提升。乡村旅游的蓬勃发展吸引了一批文化创意、设计策划、市场营销、服务管理等方面的从业人员回乡创业。

（三）发展乡村旅游促进乡村文化繁荣

近几年，通过泰山人家、沂蒙人家、泉水人家、胶东渔家等乡村旅游品牌的打造，通过对淄博新城镇、泰安大汶口古镇、莱芜茶叶口镇、临沂压油沟村等古村镇的保护开发，利用传统的花会、灯会、庙会、山会、歌会等民俗活动，有力地推动乡村文化的发展。

（四）发展乡村旅游促进乡村生态保护

通过对农村的乡野环境、森林、植被、湿地、水源等资源的保护开发，实施生态修复和生态再造，建成了临沂竹泉村、淄博峨庄、枣庄台儿庄、济宁十八盘、滨州三河湖村等一批原生态乡村旅游区，带动周边生态环境不断改善。从 2015 年开始，连续实施"旅游厕所革命"，加大对乡村旅游厕所的改造力度，改善了农村卫生环境。在乡村旅游发展较好的村庄，"三堆"（粪堆、土堆、柴堆）基本消失，绿水青山得到有效恢复，村民的生态环保意识越来越强。

（五）发展乡村旅游促进基层组织建设

乡村旅游发展壮大了村集体经济，带动了基层党组织建设，增强了基层党组织的凝聚力。兰陵县代村党支部发挥战斗堡垒作用，抓党建抓旅游，成为乡村振兴样板，支部书记王传喜被评为全国时代楷模；沂南县铜井镇成立马泉旅游圈党委，党委下设四个职能支部和五个旅游产业党支部，打造"党建＋旅游"新模式。乡村旅游的发展促进了乡村社会的文明进步，巩固了基层组织建设。

（六）发展乡村旅游带动农民脱贫致富

通过自主开发、大项目带动、合作社＋农户、公司＋农户等扶贫模式，全面实施旅游扶贫，利用土地流转、入股分红、提供岗位等收益方式，促进贫困人口增收致富。淄博市博山区中郝峪村，村民以各类资源入股成立旅游公司，开发休闲农业与乡村旅游项目，从人均年收入不足 2000 元的贫困村发展到人均年收入 3.8 万元的富裕村。

二、现阶段某省乡村旅游发展中值得重视的问题

某省乡村旅游的发展点多面广量大，已经走在了全国前列，但某省乡村旅游发展的质量不高，影响提质升级的因素还有很多，主要表现在以下几个方面。

（一）法规政策宣传落实不到位，政策集成力度不够

近年来，国务院和各部委陆续出台了一系列支持乡村旅游发展的政策措施，省委、省政府也下发了促进乡村旅游提档升级方案等多个文件，但这些政策利好并没有得到有效利用和充分发挥，尤其是通过政策集成集中解决乡村旅游发展资金、土地、环保等方面的困局仍然没有解开。2016 年新修订的《山东省旅游条例》把乡村旅游发展单设一节，对乡村旅游设定专门的扶持条款。但是，从问卷调查的结果来看，基本了解条例的乡村旅游经营户还不到 60%，仍有 40% 多的乡村旅游经营业户不太了解或者完全不了解条例的有关

内容。许多乡村旅游经营者对省里出台的乡村旅游扶持政策不清楚，有的政府机关工作人员对政策拿不准、吃不透，造成政策在"最后一公里"的落实上大打折扣。去年六月省物价局下发的《关于发挥职能作用推动全域旅游发展的指导意见》明确规定："将利用世界自然遗产、文化遗产以及重要的风景名胜区等公共资源建设的景区门票价格，由政府定价改为政府指导价管理。其他景区门票价格及景区内交通服务价格，实行市场调节价，由经营者自主确定价格水平。"在调研中，有民营投资旅游景点的业主反映，国庆节前在落实重点国有景区降价过程中，有的市还参照国家发改委 2008 年下发的《关于整顿和规范游览参观点门票价格的通知》，对一些民营投资的普通景区也同国有名胜风景区一样实行政府指导价，这种"新政策不落实，老政策不放手"的做法，引发民营投资业主的不满。

（二）规划的科学性不够、约束力不强

全省有 130 多个县市虽然做了乡村旅游规划，但由于规划执行不力，导致建设时有些项目擅自变更。有些规划定位不当，不适合市场需求，科学性、合理性本身就存在问题，有的照搬他人模式，不符合当地实际，导致许多乡村旅游规划名存实亡。从旅游部门提供的数据看，全省仅有 56% 的乡村旅游区有正式规划，17% 的乡村旅游区没有规划，27% 的乡村旅游区规划不完整。比如，前几年主题游乐园被热捧，有的地方没有认真分析客源市场，盲目跟风上项目，建成开业时热闹一阵子，很快就被市场淘汰，现在许多主题游乐园处于闲置状态，造成大量的资源浪费。

（三）基础设施建设滞后、服务管理能力差

某省乡村旅游资源好的地方，大多处在相对偏远的地区，水、电、路、气、暖及通讯等基础设施建设跟不上，乡村旅游点的道路标识、停车场、厕所、游客服务中心、无线网络等设施配套不完善，很多地方的住宿条件、厕所卫生、就餐环境、餐饮安全等公共服务问题较多，乡村旅游点"脏、乱、差"的现象比较普遍。有的乡村旅游点厕所没有上下水设施，有的甚至还在使用旱厕，多数乡村旅游区（点）公路修建得较窄，停车场数量不足，游客进不去出不来的现象时有发生。

（四）项目同质化、低端化问题较突出，与当地文化的融合度不高

多数乡村旅游点都是对现有的农田、果园、林场、水库等资源进行简单的改造或者仿照他人的开发模式，忽视了对成功范例的深入研究，缺乏创新设计和深度开发，没有把自然生态与当地优秀的传统文化进行很好地融合，致使乡村旅游的主题文化特色不鲜明。从全省看，区位优势突出、有影响力的乡村旅游点占比不到 40%，能满足游客多元化需求的乡村旅游项目和乡村旅游综合体数量偏少。多数地方的乡村旅游基本是自行设计、自己建设、自主经营，甚至一哄而上、盲目开发、重复建设、无序竞争，一定程度上存在"千村一面""千景一色"的现象。有的地方看到台儿庄古城效益不错，一个市就开发建设三四座古城，缺乏创新创意，必然会造成资源的浪费。

（五）乡村旅游人才匮乏

据统计，全省仅有 30% 的乡村旅游从业人员接受过专业培训，50% 的从业人员仅参加过少量培训，20% 的从业人员基本没有经过任何专业培训。懂技术、会经营、善管理、能营销的乡村旅游人才和高素质从业人员较为稀缺，制约了乡村旅游的健康可持续发展。大多数村级组织负责人缺乏培训，对发展乡村旅游的思路、办法、措施等经验不足。尤其是适合发展乡村旅游的村镇大多地处偏远，外出人才回乡创业的积极性不高。

（六）民宿管理制度缺失

全省登记在册的三星级以上民宿业户有 300 多家，无消防许可的民宿占比达 78%；三星级以下民宿业户超过 1.1 万家，无消防许可的民宿占比高达 95% 以上，大多处于非法经营状态。《山东省旅游条例》明确规定：乡村和城镇居民利用自有房屋、院落或者其他条件依法从事旅游经营，对符合条件的，公安消防、卫生计生、食品药品监督管理等部门应当依法作出许可。调研中相关部门和民宿经营业主反映，某省民宿管理缺乏民宿治安消防管理规定和特种行业许可，是造成民宿非法经营的主要原因。民宿经营存在管理不规范、监管不到位、无序化发展等问题，存在很大的安全隐患。

三、对某省乡村旅游高质量发展的意见建议

某省乡村旅游发展已站在新的历史起点上。省委书记、省人大常委会主任刘家义在全省农村工作会议上指出，要以乡村全域旅游助推乡村全面振兴。近期，国家发改委又印发了《促进乡村旅游提质升级行动方案（2018—2020 年）》。这充分说明发展乡村旅游是实现乡村振兴的重要突破口，各级都要进一步提高对乡村旅游重要性的认识，找准战略定位，找准路径抓手，找准措施办法，让乡村旅游成为打造乡村振兴齐鲁样板的重要引擎和动力。

（一）加大对法规政策的宣传落实力度

乡村旅游发展要提质增效，首先要吃透法规政策精神做好人员培训。一是加大法规政策集成力度。把国家及省、市各级支持乡村旅游发展的法规政策进行梳理形成汇编，下发到县、乡、村级组织，方便学习和查阅。旅游主管部门要通过新闻发布会、电视、广播、网站、微博微信等多种途径，对支持乡村旅游发展的法规政策进行捆绑宣传，扩大社会公众知晓面。二是加大培训力度。对主管乡村旅游发展的各级干部定期进行轮训，省、市、县三级联动组织，邀请文化和旅游、发改、财政、自然资源、农业农村等主管部门和旅游方面专家学者进行政策的宣讲和解读，组织现场教学，采取多种措施提高相关人员的法规政策水平和管理服务能力。三是加大督察力度。由人大、政府相关部门分别对乡村旅游发展法规政策的落实情况适时进行督查，深入具体的乡村旅游点和项目跟踪问效，消除"中梗阻"，促使法规政策在基层落地生根，防止好的法规政策只停留在会议中、文件里、口头上。四是坚持规划引领。乡村旅游发展既要有全省的总体规划，也要有区域性的局部规

划，还要有具体项目的详细规划，更要同乡村振兴战略规划相衔接，以此来避免重复雷同，形成区域特色和差异化发展格局。规划一经确定，就要体现约束性和指导性，杜绝随意变动，若要变动就必须经过专家论证并履行相应的程序。

（二）加强乡村旅游人才支撑

乡村旅游发展投入大、见效慢，乡村旅游点生活条件较差的现实，使之很难吸引高层次人才和高校旅游专业大学生投身乡村旅游发展。怎么办？一是就地育才，把当地热心乡村旅游发展的农民培养成乡村旅游人才。各级地方政府应充分利用大学、职业学院和专业机构的优势，对当地农民和乡村旅游从业人员进行专业化实用性培训，组织乡村旅游带头人和从业人员外出考察学习，有计划、有步骤地把普通农民培养成懂经营、会管理的乡村旅游发展人才，逐步把部分农民培养成当地景区的讲解员、导游员和从业者。二是筑巢引才，带动人才聚集。出台优惠政策，利用乡村的一些优质资源和有开发前景的项目，在引入社会资本的同时引进优秀的管理团队，以点带面，吸引回乡大学生、返乡农民工、青年创业团队、应用型策划营销人员等参与到乡村旅游发展的具体项目中来，实现互利共赢。日照市春风十里乡村文旅创意园，以"文创园区、旅游乡村、创客基地"的定位，目前已吸引 60 多名"乡村创客"入驻发展，其中来自北京、上海、青岛等地的各方面高层次人才 30 多人，发展势头良好。三是注重发挥行业协会、商会的作用。部分市、县成立的农家乐协会和旅游商会对乡村旅游发展起到了良好的推动作用。从实际情况看，这些协会、商会作为政府与企业之间的桥梁，向政府传递企业的发展需求，同时协助政府制订行业发展规划、产业政策和有关法规，制订并执行行规行约和各类标准；组织市场开拓，发布行业信息，开展行业调查、评估论证、培训、交流、咨询、展览展销活动等。政府主管部门应支持这些协会、商会规范发展。

（三）突出特色创新发展

某省乡村旅游目前亟须提质增效创新发展，应从以下几个方面下功夫；一是以全域旅游的理念发展乡村旅游。全域旅游作为一种区域发展的新模式、新理念，将一个区域作为完整的旅游目的地打造，通过"旅游+""+旅游"实现城乡统筹协同、区域资源有机整合、产业融合发展、社会共建共享。在乡村振兴项目中主动体现旅游功能，围绕旅游理清发展的新思路，创造行业的新亮点，实现山青、水秀、林美、庄净、人和的乡村新面貌。二是打造主题特色突出的乡村旅游综合体。加快精品民宿、特色小镇、田园综合体、休闲农庄、现代农业园等项目建设。按照一二三产业融合发展的理念，培育像东阿阿胶、济南宏济堂、平阴玫瑰小镇、菏泽牡丹园等规模化发展项目，打造一批旅游功能突出的乡村旅游综合体。发挥像胶东渔家、沂蒙人家、水浒人家、运河人家、湖上船家等乡村旅游品牌优势，构建齐鲁文化浓郁、主题特色突出的乡村旅游集群片区。三是加强文化等特色产业的开发保护。某省传统古村落众多，依托国家历史文化名村、历史文化名人以及乡村古街区、古建筑等，培育一批知名度较高的旅游村落，遴选一批历史悠久、特色鲜明的老旧村，打造成像沂南竹泉村那样的"看得见山、望得见水、记得住乡愁"的休闲度假旅游点；加强对雕栋石刻、名人碑文、历史古桥、农业遗迹等乡村文物的保护利用，因地制宜建设一批民俗博物馆、历史文化展室以及民俗旅游特色村；依托非物质文化遗产，培育一批传统戏曲、民俗表演、传统工艺制作、写生绘画等文化遗产村落，培养一批非遗传承人、民俗工匠、文化能人；培育区域特色产业品牌，如烟台苹果、淄博陶瓷、潍坊萝卜、"莱芜三辣"、菏泽牡丹、平阴玫瑰等地理标志传统品牌，促使古村落、乡村文化和特色产业融合发展。四是积极发展乡村定制旅游。定制旅游是根据游客的需求、以游客为主导的旅游产品消费新模式，游客可以根据自己的喜好和需求定制行程，选择自己想体验的活动和服务，最大限度地满足游客个性化需求。在消费升级的大背景下，定制旅游逐渐成为游客休闲度假的新标志，体验田园风光、乡村文化、民间风俗、风味小吃、健康养生，让游客慢下来、静下来细细体会。乡村旅游点之间往往交通不便，没有公共出行服务，这恰好是定制旅游的优势所在，政府应加以引导，打造符合时代发展的新业态。

（四）强化措施保障

乡村旅游高质量发展需要强有力的措施保障。目前最需要解决落实的有以下几个方面：一是大力提升乡村基础设施建设和公共服务水平。推进农村环境综合整治，重点对乡村道路、污水、垃圾、水电气暖等进行整治改造，彻底解决农村"三堆"乱堆乱放现象。在乡村旅游集中片区规划建造停车场、公共厕所、咨询中心等公共服务设施，提升公共服务水平。加大乡村道路建设力度，将错车带、观景台、应急区等纳入建设规划，切实解决乡村旅游点道路不畅设施不完善的问题。二是落实设施管护责任。重建不重管的现象在乡村普遍存在，主管部门在投资建设的时候，就要考虑好建成后的使用和管理问题，使基础设施和公共服务设施发挥最大效用。通过购买服务和定点管护等方式，由具体单位和专门人员负责对建好的基础设施和公共服务设施进行管理和维护。三是完善乡村旅游发展的制度规范。民宿是乡村旅游发展中的新生事物，是很好的乡村旅游产品，但某省民宿管理一直没有明确的管理规范。2016 年 8 月，浙江省公安厅出台了《浙江省民宿（农家乐）治安消防管理暂行规定》，同年 12 月，浙江省政府出台《关于确定民宿范围和条件的指导意见》，为浙江省民宿（农家乐）健康可持续发展提供了政策层面的保障，取得良好的效果。建议借鉴外省经验，由主管部门牵头出台相关规定，完善对民宿经营、许可、卫生、消防等方面的规范，从制度上规范民宿发展的一系列问题。四是鼓励社会资本投入乡村旅游发展。乡村旅游靠农民的自有资金是很难做到规模化、规范化发展的，要积极鼓励和引导社会资本投资发展乡村旅游。通过营造良好乡村旅游发展环境、创新社会资本参与方式、探索建立乡村旅游产业投资基金、加大乡村旅游贷款支持力度等方式，吸引多种经营主体的社会资本投资乡村旅游的发展。沂南县马泉村和竹泉村在引入社会资本发展乡村旅游方面就做得很好。马泉村原来是一个有名的贫困村，村周边是杂草丛生的荒山坡，在引入山东吉利旅游开发有限公司后，通过整山治水、植树造林，把昔日的荒山土岭打造成集休闲采摘、农业观光、度假养生等功能于一体的现代农业休闲园区；竹泉村原来是个典型的空壳村，引入山东龙腾旅游集团开发，利用独特资源优势，与南京林业大学竹研究所建立合作关系，先后投资 1.5 亿多元，建成一个具有农家风情特色的沂蒙山区综合性旅游目的地。

（五）充分发挥各级人大代表和政协委员的作用

调研组在陕西省考察时发现，安康市中坝作坊小镇成立了许多由人大代表、政协委员牵头或投资的乡村旅游挂牌帮扶点，发挥代表、委员联系群众、帮扶群众的良好作用，在当地反响良好。某省有各级人大代表 13 万多人、政协委员 4 万多人，很多是当地的"能人""名人"，是一笔宝贵的财富，要发挥他们在脱贫攻坚乡村振兴中的带头引领作用。可以借鉴陕西安康的做法，在机关干部下派帮扶的基础上，发挥各级人大代表、政协委员的优势和特长，根据其本人的意愿，在其选区开展脱贫帮扶行动，采取自愿结对和组织牵线相结合的办法，与某省正在积极探索和推行"一清五帮十到户"（一清：贫困人口底数清，五帮：帮规划、帮资金、帮项目、帮培训、帮营销，十到户：产业扶持到户、就业岗位到户、用工名额到户、资产收益到户、持股分红到户、送智送教到户、结对帮扶到户、金融扶持到户、农产品采购到户、电商联通到户）扶贫模式相融合，在推广景区带动、能人引领、自主开发、项目带动、合作参股、企业帮扶、农家乐经营、农村电商等多种旅游扶贫模式中让代表、委员参与进来、深入下去，为全省乡村旅游发展和脱贫攻坚贡献力量。

第四章　乡村体育旅游发展

第一节　乡村体育旅游价值与发展

目前，乡村体育旅游是我国农村地区产业升级和产业融合事业中的重要组成部分，对城乡一体化进程的推进和美丽乡村事业的农村产业的发展都有着重要意义，也有利于提高乡村村民收入，促进乡村整体发展，但是现阶段乡村体育旅游也存在着一些问题，例如缺乏完善的管理制度、混乱的市场环境、管理观念落后等，这些问题都是乡村干部需要重视的，在之后的工作中不断改进和完善，各级乡村机构和政府都要注重加强相关方面的管理，包括经济引导、出台政策。本节将首先简要概括乡村体育旅游的特点，明确乡村体育旅游的价值，再结合乡村发展需求提出优化发展的建议。

乡村体育旅游是近年来一种新兴的旅游方式。通过乡村旅游欣赏所处乡村的自然景观，还能了解地方文化、体验当地人的生产生活方式。乡村背后的文化底蕴是吸引游客到乡村旅游的主要因素，也是决定乡村旅游能否高质量发展的关键。乡村体育旅游是在乡村旅游的基础上增加了体育特征，使其从单纯的娱乐休闲活动向体育活动和社交活动方面转变，将体育与旅游相融合、共发展。因为乡村体育旅游是涵盖多方面意义的新兴产业，所以乡村体育旅游发展要满足游客的娱乐需求和运动需求，也要充分展现乡村文化，带动乡村产业升级，兼顾经济效益、文化效益和生态效益。

一、乡村体育旅游的特征

兼具旅游特征和体育特质。乡村体育旅游是指旅游者通过参与健身体育活动的方式进行旅游，这种旅游方式具有传统生态旅游特征，如：生态保护、低污染、低排放。此外，乡村体育旅游相较于普通旅游多了运动特质，在原有的旅游活动中增加了体育活动，如休闲类的垂钓或者是经济型的赛艇等，既满足了人们放松心情的需求，也锻炼了身体。乡村体育旅游是将人的娱乐需求和自然环境相结合的新产业，在开发自然资源的同时也实现了经济价值，最终达成人与自然和谐共存的目的。传统旅游活动往往会过度注重经济效益，忽视了自然环境的承载能力，最终造成自然资源严重破坏，新兴的乡村体育旅游在这方面更具有生态保护效果。此外，随着生活水平的提高，人们对旅游产品的要求也越来越高。

旅游方式从以前的观赏旅游到体验旅游转变，这就需要充分调动游客的参与程度，乡村体育旅游就具备此项特征。

二、简析乡村体育旅游的价值

乡村体育旅游产业具有较强的渗透力，可以有效发展边际产业，形成产业链，所以乡村体育旅游的发展有助于促进乡村地区旅游产业和体育产业的，也通过休闲体育要素与旅游要素的集合，增强产业相互助力的作用，提高乡村发展活力。乡村体育旅游的价值在于经济发展和社会效益等方面。

（一）推进城乡一体化进程，缩小城乡差距

城乡一体化建设是我国现阶段发展重点之一，主要目的是保证城乡平衡发展，缩小城乡差距，实现互惠互利，全面促进社会经济、文化、生态等多方面共同进步。乡村体育旅游产业对我国城乡一体化建设具有重要意义：第一，乡村体育旅游的发展可以增强城乡居民的交流，促进信息互换，加强乡村居民对城市生活内容的了解，同时也给城市居民提供一个了解乡村生活方式体验，缩小城乡居民对彼此的固有观念。第二，乡村体育旅游可以有效带动消费，消费内容主要包括体育活动项目，乡村美食或者是民宿体验，这些消费对城市居民来讲是满足其精神需求，对乡村居民来说是经济收入提升，实现共赢。

（二）促进乡村产业升级，增加就业机会

长期以来，我国乡村地区的主要产业是农业。尽管农业劳动技术在随着社会进步而不断提高，但是总体来讲发展速度较慢，生产效率较低，这就造成乡村经济发展受到限制，乡村居民生活水平相对较低。乡村体育旅游的建设将农业、旅游业、体育业相结合，在一定程度上促进农业产业升级，由以往的粗加工向精细加工转变，生产更多高附加值的农产品，同时将三种产业有机结合也有利于产业结构多元化，从而提高乡村经济发展。另一方面，乡村居民以往的主要就业方式是在家务农或者是外出务工，在家务农的就业方式难以满足日常生活需求，外出务工会造成乡村的劳动力不足，造成"留守儿童、留守老人"等社会问题，这些都在一定程度上阻碍了乡村发展。乡村体育旅游产业的发展有利于推动第三产业发展，在发展过程中需要更多高素质劳动力，所以创造了更多优质就业机会，这些方面不仅可以提高农村剩余劳动力的使用情况，改善因剩余劳动力带来的社会问题，也吸引更多优质新兴人才返乡创业，带动乡村建设。

（三）保护农村体育文化的传承

在我国，许多乡村都有各自独特的生活文化和特色的体育活动，但是随着信息传播和分享的速度加快，越来越多文化正在相互影响，乡村原生态文化和乡村体育活动受到外来文化发展的冲击较大，一些特色活动都在逐渐消失。因此，乡村体育旅游产业发展是保护乡村特色文化和体育活动的传承的重要方式，实现乡村文化的可持续发展。

三、优化乡村体育旅游发展的策略

（一）坚持生态保护和经济发展并重的可持续发展理念

坚持生态保护和开发并重是乡村体育旅游发展道路的首要原则，可持续发展的理念是促进乡村体育旅游发展的基础。乡村负责人要明确在美丽乡村建设环境下实施乡村体育旅游根本目的是为了促进乡村发展，所以要时刻树立生态保护理念，在发展乡村休闲体育旅游中，必须处理好资源保护和资源开发的关系。过度开发旅游资源造成环境破坏甚至自然灾害发生的事情屡见不鲜，所以处理好生态保护和旅游开发的关系是乡村体育旅游可持续发展的首要任务。例如：在体育资源挖掘过程中，管理者应该尊重自然，践行人与自然和谐共存的开发思想。像是乡村马拉松活动举行，要充分考虑跑步路线，尽量避免践踏正在生长的幼苗；乡村垂钓旅游活动也要避免在禁渔期举行，减少对生物的伤害。总体来说，在乡村体育旅游资源开发中，首先要正确看待人与自然的关系，才能实现生态与经济协调发展，管理人员要时刻以建设美丽乡村，促进乡村可持续发展为行为准则，整合现有资源并进行合理配置。

（二）重视完善配套基础设施建设

现阶段，乡村体育旅游普遍存在的问题就是缺乏合理规划导致现有资源难以满足游客的休闲娱乐、运动需求。一些地区没有充分考虑到适合自身发展的体育旅游项目，也没有建立足够的配套基础设施，导致旅游容量负载过重，失去吸引力。因此，乡村体育与旅游管理人员要在开发前制订科学合理的规划，明确体育旅游发展路径，在多次考察和讨论后确定开发方向，之后在整合现有资源的基础上不断投入人力资源和开发资金，用以优化发展项目。例如：以登山为主要项目的地区应该投入更多资金完善登山步道的建设和登山设备的准备，保证登山者的娱乐性和安全性、以划船和冲浪为体育旅游项目的乡村应当投入更多资源在相关水上设备购置方面，确保项目高质量发展。因此，乡村体育旅游建设应该坚持科学合理规划，并制订明确的开发方案，在基础设施方面加大人员和资金投入，才能保证乡村体育旅游产业的长期繁荣发展。

（三）加强产业融合

旅游业是具有强大的产业驱动功能和产业融合功能的产业，乡村体育旅游产业更是融合了多种基础产业，包括农业、旅游业、体育业等，所以乡村体育旅游想要得到长期高质量发展，需要相关负责人员积极寻找产业融合点，挖掘新的产业融合方向，加深现有产业融合的程度。例如：在西南地区，乡村负责人结合当期茶园众多的特点开发了自助采茶的活动，丰富了当地旅游形式，使得游客不只是欣赏美景，还能帮助游客打造全新的旅游体验，除此之外，当地有许多养马的村民，负责人就以骑游运动作为新项目，在茶园采茶之后可以骑马游村落，增加文化氛围的同时提高乡村经济综合效益，实现乡村体育旅游的高质量发展。农业、体育、旅游的一体化是乡村体育旅游的重要发展途径，其融合程度和融合方式决定了游客的体验感，也影响了乡村整体发展步伐。

（四）设立专职管理机构，并制定乡村体育旅游管理制度

乡村体育旅游产业是近年来的一个新兴产业，缺少实践结果做指导，且该产业融合性较强，所以管理难度较大。因此，为了做好乡村体育旅游管理工作，乡村政府内部应当设置相关专职管理机构，旨在把握好发展方向，在实际工作中引导相关人员的行为，促进乡村体育旅游可持续发展。与此同时，行业发展需要有制度的约束，这就要求乡村负责人针对实际发展状况制订相应的管理方法，建立健全管理体系。管理体系需要明确问题出现后应当怎样解决，违反规定后的处理办法等，例如：出现环境保护和资源开发相冲突时应该详细列出利弊后组织多方讨论后给出解决方案；在遇到资源归属问题时应该由双方各自举证再有管理部门按规定进行判断。管理制度既要严格又有灵活，在保证市场活力的同时减少恶性竞争，确保乡村体育旅游产业的可持续发展。

综上所述，乡村体育旅游是新时代的新产物，是结合旅游业，体育业等多产业的综合事业。乡村体育旅游产业发展对乡村建设具有重大意义，主要体现在推进城乡一体化进程，缩小城乡差距，充分开发乡村文化资源，不仅能够帮助乡村发展经济，提高乡村居民收入，也可以帮助拥有丰富的旅游资源和体育资源但整体发展速度较慢的地区逐渐进步的重要途径。但是，现阶段，在乡村体育旅游事业发展过程中存在一些问题需要相关管理人员不断探索和优化发展路径，充分考虑旅游开发、体育活动、生态保护、经济发展等多方面的关系，合理配置资源，建立健全管理制度，引导乡村实现可持续发展。

第二节　低碳时代我国乡村体育旅游发展

乡村体育旅游有助于改善农村经济结构，带动农村经济增长；能够丰富乡村经济形态，开发利用体育资源；有利于保护生态环境，发展低碳经济；符合特殊环境下我国乡村旅游产业的发展趋势。然而，乡村体育旅游产业存在乡村体育旅游资源配置不合理、乡村体育旅游项目开发同质化严重、乡村体育旅游低碳优势不明显等问题。为了优化农村产业结构和实现乡村旅游经济的持续发展，乡村体育旅游开发可以采取以下策略：强化环保意识，鼓励低碳行为；加大基础设施建设，完善配套产业；打造品牌效应，实施差异化发展；丰富旅游项目，推动产业跨界融合。

体育旅游是体育产业的重要组成部分，也是旅游业不可或缺的有机板块。体育旅游能有效地将体育资源与旅游项目结合在一起，达到集健身、娱乐、休闲、交际于一体的服务目的，使旅游者身心得到和谐发展，促进社会物质文明和精神文明发展，丰富社会文化生活。国务院《关于加快发展旅游业的意见》(国发〔2009〕41号)提出将旅游业培育成国

民经济的战略性支柱产业和现代服务业这一伟大构思，其中"低碳"是我国旅游业可持续发展的内在要求。李克强总理在《2019 年政府工作报告》中，把生态文明建设和生态环境保护工作作为重要内容进行了总结和部署，在壮大绿色环保产业、大力推动绿色发展等方面给出了指导性意见。可以说，推动社会经济转型发展，倡导简约适度、绿色低碳的生活方式，发挥低碳发展对经济转型的引领作用、对生态文明建设的促进作用、对环境污染治理的协同作用，已经成为我国社会经济发展的基本国策。在此背景下，笔者拟从乡村体育旅游的"低碳"特性入手，探讨乡村旅游在乡村经济增长、体育资源开发、生态环境建设、旅游产业发展等方面的实际价值，提出低碳时代我国乡村体育旅游发展的基本策略。

一、低碳时代实施乡村体育旅游战略的意义

（一）改善农村经济结构，带动农村经济增长

2019 年，国务院办公厅印发的《体育强国建设纲要》提出，要紧密结合美丽宜居乡村、运动休闲特色小镇建设，鼓励创建休闲健身区、功能区和田园景区，探索发展乡村健身休闲产业和建设运动休闲特色乡村，这为乡村体育旅游的进一步发展指明了方向。近年来，随着第三产业的发展以及国家对乡村体育旅游的不断重视，地方政府应积极响应国家号召，努力寻求农村地区旅游产业与体育产业的契合点，打造具有乡村特色的体育旅游项目，吸引大批游客，拓展旅游市场。传统的乡村旅游多以观光为主，属于较低层次的旅游经济，在传统乡村旅游中融入体育项目，不仅可以拉动游客的软性消费，凸显旅游业作为第三产业的特性，而且能带来多重经济效益。比如，体育产业与乡村旅游产业相结合，可以带动周边服务业经济效益的提升，并促进体育培训、体育用品、体育活动等体育产业要素与旅游产业的深度融合。

（二）丰富乡村经济形态，开发利用体育资源

在全民健身背景下，改善乡村旅游结构，实现传统观光型旅游向体育参与型旅游的转向，可以使游客获得丰富的旅游感受与体验。在乡村体育旅游中，游客可以尽情地欣赏乡村优美的自然风光，获得精神的愉悦；可以参与形式多样的体育运动，实现强身健体的目的；还可以对乡村生活有更深层次的理解，有助于转变生活观念、普及全民健身运动。而乡村体育旅游的持续开展，不仅能使农村居民充分认识乡村旅游和体育运动的重要价值，带动农村地区体育观念和健康理念的更新，而且能为乡村开发利用体育资源、创新农村经济形态开拓空间，使农村居民享受到乡村振兴战略和社会主义新农村建设的红利，增强他们的幸福感和获得感。

（三）保护生态环境，发展低碳经济

乡村体育旅游之所以被誉为低碳旅游，是因为它是实现我国节能减排长期目标的有效方式，也是农村打造绿色产业的有效途径。当下乡村体育旅游大多依赖于乡村的自然生态

景观和独特的地理区位，自身就具备一定的低碳优势。如果能在此基础上开发符合乡村地区实际的体育运动项目，就可以强化低碳优势，打造具有独特优势的乡村经济发展空间。比如：地势较为平缓的乡村地区可以在旅游线路中增加自行车骑行项目，在不影响游客欣赏自然风景的同时拓宽经济渠道；水资源比较丰富的乡村地区可以开发垂钓、划船、游泳等体育运动项目，提高水域的经济附加值；气候比较寒冷的乡村地区可以开发冬季滑雪、溜冰等运动项目，丰富游客的冬季户外活动，促进多样消费，从而扩大商机。因此，在乡村旅游中融入体育项目，完全符合低碳环保的生态产业开发需求，能够有效地保护乡村地区的生态环境。从这个意义上说，农村地区开展乡村体育旅游，可以满足乡村振兴战略把农村建设成为生态宜居之地的要求。

（四）符合特殊环境下我国乡村旅游产业的发展趋势

我国旅游业发展水平较低，起步较晚，加上受到我国产业升级转型大趋势和特殊国际环境的影响，传统的旅游行业急需改革。目前，我国乡村体育旅游主要是由地方政府以及乡村集体经营，在经营成本、场地成本等方面具有独特优势。在新冠疫情的冲击下，2020年国际、国内旅游产业均受到较大影响。随着国内疫情的稳定和第三产业的恢复发展，旅游产业需要着眼于长远发展进行充分考虑和规划，主动顺应国家低碳经济发展需要，抓住时机推动产业升级转型，实现旅游产业结构的优化换代，缩短我国旅游业与发达国家旅游业之间的差距。

二、当前乡村体育旅游产业存在的问题

（一）乡村体育旅游资源配置不合理

打造乡村体育旅游产业的重要基础和前提条件是要有配置合理的旅游资源与体育资源，因为乡村体育旅游的内在要求是体育项目与旅游景观的有机结合。从总体上看，我国乡村旅游有着较为丰富的旅游资源如自然风光、民俗文化、乡野美食等，这些都是吸引游客的重要因素。然而，乡村体育资源开发和项目开发显得相对滞后，一些自然条件优越、经济发展水平较高的乡村地区虽然引进了一些体育项目，但是在资源配置方面缺乏科学规划和部署，很多乡村地区的体育旅游项目在基础设施建设层面进展缓慢，成为制约我国乡村体育旅游进一步发展乃至迈入国际化的重要因素。乡村体育旅游资源配置不合理主要体现在体育设施不完善、医疗急救设施不齐全和体育旅游人才匮乏等方面。体育设施和医疗急救设施的匮乏可以通过加大资金投入的方式予以解决，而体育旅游人才的配备则需要多方协作才能解决。从目前产业开发实际看，乡村旅游体育需要三类人才：一是从事项目开发、市场拓展、推广营销、经营管理等工作的旅游专业人才；二是从事体育器材安装、运动场地管理、运动空间维护等工作的设备管理人才；三是从事医疗救助、健身指导等工作的医护人才。这三类人才的匮乏，严重制约了乡村体育旅游的高质量发展。

（二）乡村体育旅游项目开发同质化严重

我国地域广阔，东西南北地区的自然景观在不同的季节差异迥然，不同区域的乡村有独具特色的地方文化，这为开发富有地方特色的乡村体育旅游项目提供了优越的先天条件。但是就实际情况而言，很多地区乡村体育旅游开发具有鲜明的同质化倾向，各地只注重产业开发的"大而全"，忽视了对自身乡村景观特色和区域文化特色的发掘与呈现，未能实现乡村体育旅游的精细化、特色化发展。比如：山村开发的体育旅游产品，大多为徒步、登山、露营等项目；水乡开发的体育旅游产品，大多为划船、垂钓、滑水等项目。虽然这样的开发格局体现了山区与水乡旅游产业开发的差异性，但是山乡与山乡、水乡与水乡之间的体育旅游开发缺少特色，这不仅难以充分展示乡村体育旅游的魅力，导致游客审美疲劳，而且容易造成临近地区乡村体育旅游的恶性竞争，影响产业的可持续发展。

（三）乡村体育旅游低碳优势不明显

低能耗、无污染应该是乡村体育旅游低碳优势的直观呈现，然而绝大部分地区的乡村体育旅游业在开发与实施过程中未能充分体现低碳产业的特性。首先，有些地区的乡村体育旅游开发有悖于低碳产业发展目标。适度开发和保护性开发，应该是乡村体育旅游开发需要遵循的基本理念，然而有些地区乡村体育旅游开发过度，造成资源的浪费和环境的破坏。比如：有些地区为了吸引游客，无序开设水上摩托、水上飞机等项目，二氧化碳排放严重，严重影响了水体生态平衡；有些地区超出环境承受能力接待游客，开展攀岩、宿营等项目，破坏了山区地质地貌。其次，开发主体在经营过程中的一些不当做法，也无形中削弱了乡村体育旅游的低碳优势。有些景区开发以低碳环保之名行破坏性开发之实，一味追求经济效益而忽视生态环境的保护。最后，游客的一些不当行为如乱扔垃圾、攀折景区植物、随意燃烧篝火等，也有损乡村体育旅游的低碳绿色特性。

三、低碳时代发展乡村体育旅游的基本策略

（一）强化环保意识，鼓励低碳行为

首先，旅游管理部门要发挥环保宣传与教育的主导作用。旅游管理部门要切实履行监督、引导职责，组织开展低碳旅游文明创建或行业竞赛活动，营造低碳产业开发的良好社会氛围。其次，多方联动，倡导低碳旅游行动。地方政府、相关企业和景区三方可以协调配合，采取一揽子措施为落实低碳旅游提供全方位保障。地方政府可以根据当地乡村体育旅游业的实际情况出台旅游管理条例，在政策上为环保企业进驻景区提供便利。共享单车企业可以为景区定制专用单车，鼓励游客骑行游览，减少汽车尾气排放。景区经营方要在管理、宣传和服务等方面多下功夫，进一步增强游客爱护环境的意识，比如可以制订服务优惠措施鼓励游客进行低碳消费，可以根据自身实际承载能力合理开发旅游景点，也可以根据生态保护需要限定一定时段内进入景区的游客数量，从而真正实现经济效益与生态效益双赢。

（二）加大基础设施建设，完善配套产业

对于我国广大农村地区而言，基础设施建设的落后严重制约了当地产业结构的优化和经济的持续发展。农村地区要想有效发展乡村体育旅游，首先要解决餐饮、住宿、交通等行业存在的基础建设问题。在餐饮服务方面，乡村地区不仅要提高餐饮服务质量，改善游客就餐场所的空间环境和卫生环境，确保游客吃得舒心，而且要以"低碳、生态、绿色无污染"为基本经营理念，把好食品检查检疫关，确保游客吃得放心。在住宿方面，乡村地区要重视不同层次人群的消费需求，有条件的地区可以吸引国内知名酒店连锁企业入驻。在交通方面，地方政府要做好统筹规划，根据当地地理环境和自然风貌，适度搞好乡村道路建设。部分乡村地区体育设施落后，现有运动设备和场所缺乏维护，因此需要新建户外运动场所和完善相关设施，便于游客开展球类、泳池、健步、骑行、滑雪等体育运动，同时还要做好设备日常维护工作，并配备专业体育健身指导人员和医疗保障人员，进一步完善乡村旅游的配套服务。

（三）打造品牌效应，实施差异化发展

为了将乡村体育旅游打造成为高品质经济项目，项目经营者必须认识到开发与发展过程的复杂性，充分重视旅游项目可持续发展的重要性，强化旅游品牌建设，推动乡村体育旅游业走内涵发展的道路。首先，要实施品牌优先战略。旅游企业如果缺乏品牌经营理念，就容易追求短期效益，妨碍旅游市场和旅游产品的开发。随着旅游产业的不断发展和趋于成熟，旅游项目经营者要在市场竞争中强化品牌意识，致力于打造旅游品牌，巩固市场地位。经营者要认识到，旅游业的长足发展不仅有赖于景区建设和景点改造，而且有赖于旅游项目融汇的文化内涵和渗透的开发理念。乡村体育旅游经营者应该秉持"生态为骨"的休闲宗旨，打造让消费者印象深刻的品牌。其次，实施合作共生战略。每个地区的乡村体育旅游景区景点都有其特殊性，经营者如果一味地追求项目开发和景点经营的经济效益，不仅无法提升市场竞争力，而且也难以实现项目经营的高效益。因此，临近地区的乡村体育旅游景区要在发挥项目优势的同时，实行错位开发和合作经营，在区域整合的大背景下形成富有吸引力的联合经营体。

（四）丰富旅游项目，推动产业跨界融合

随着我国国民经济水平的快速提升，人们的文化和旅游消费在生活支出中所占的比重不断增加，对美好生活的要求不断提高，很多城镇居民都把走进乡村、享受自然、休闲养生作为旅游首选。在这样的背景下，乡村体育旅游成为城乡二元互动、乡村供给侧改革和产业融合发展的重点领域。乡村体育旅游如果能依托乡村丰富的自然景观和民俗文化，在体育与旅游融合的基础上加大产品开发力度，不仅可以丰富游客的旅游体验，而且可以促进产业融合。比如：乡村旅游景区开发垂钓、狩猎等运动竞技项目，可以促进渔业、禽鸟养殖业的发展，增强游客的参与感，给他们带来竞技快乐；开发滑雪、划船、滑水等项目，可以推动运动器材生产与经营等业务的发展；开发攀岩、野外生存、露营越野等项目，可

以推动餐饮、交通、后勤支援等服务业的发展；开发民族舞蹈学习、赛龙舟、踩高跷、玩旱船等项目，可以促进地方文化的继承、研究和利用。乡村体育旅游业只要善于开发项目和创新产品，就能引领乡村旅游消费新风尚，为实现乡村振兴奠定深厚的基础。

当下，我国乡村体育旅游业已经有了初步的发展，对农村经济发展和社会主义新农村建设起到了很大的推动作用。人们如果能正视乡村体育旅游开发存在的不足，努力将生态环保与产业开发结合起来，就能为实现我国广大农村地区的产业升级和乡村振兴注入新的活力。

第三节 共生理论视角下乡村体育旅游发展

随着经济全球化的快速发展，产业融合逐渐成为世界经济发展的趋势，出现了不同产业相互交叉，相互渗透的现象。游客需求的个性化和多元化，使得我国旅游产业与其他产业之间的融合以及旅游产业内部不同形式的相互渗透的现象也逐渐显现。乡村体育旅游的发展对调整和优化农村产业结构，促进农村经济发展，带动相关产业的发展有着重要作用；有利于促进乡村振兴战略的实现，进一步推动扶贫工作的进度。本节从共生理论的角度出发，探讨乡村体育旅游发展模式，为乡村体育旅游的发展提出新的路径和新的思想。

一、相关概念的内涵

（一）乡村体育旅游

由于乡村体育旅游是由乡村旅游和体育旅游之间相互融合的产物，因此，要理解乡村体育旅游的概念与内涵，就要充分认识到以下几点：首先，从地理角度来看，乡村是一个空间概念，它是指在这个空间环境居住的居民主要以农业经济活动为基本内容的一类聚落的总称，它与城市的含义是相对的。其次，乡村体育旅游的核心特点是乡村性。因此，在规划和设计产品时，应充分利用其差异性去满足人们回归自然的需求。最后，乡村体育旅游应充分利用乡村地区的自然资源和人文资源，开发合理的体育旅游项目，使游客能充分体验运动所带来的乐趣，去满足人们锻炼身体和追求健康生活的需求。

综上所述，笔者认为，乡村体育旅游是指在乡村地区，以乡村自然或人文资源为依托，让游客参与或体验乡村体育活动为主要手段，以满足游客自身需求为目的，从而达到健身休闲目的的社会消费活动。

（二）共生理论

"共生"最早是由德国的真菌学家德贝里提出的，指的是不同类型的生物物种共存的状态。在这个状态下，共生体的主要特征是有机体从其共生伙伴那里获得新的代谢能力，使生物在长期的演化过程中，逐渐与其他生物联合，共同适应复杂多变的环境，相互依赖，各自获取一定利益的生物之间的相互关系。

共生理论认为：共生是一种新的协作配合方式，对发展和培育共生系统内的单元的新的能力、单元之间的新型共生关系具有很大的推动作用。共生系统的主要要素包括共生单元、共生模式（共生关系）和共生环境。

后来，通过人类学家、社会学家、经济学家和管理学家的研究和发展，在各自的领域中形成了一套相对完善独立的理论体系。其中，在区域间乡村体育旅游发展的过程中，由于体育旅游产业集群效应的需要，区域旅游品牌的需求已形成，而共生理论为区域间的乡村体育旅游发展提供了一个可借鉴的参考模式。

二、乡村体育旅游共生发展要素分析

（一）共生单元：乡村体育旅游共生发展的基础

共生单元是指构成共生体（共生系统）的基本能量生产和交换单位，是形成共生体的基本物质条件。不同的共生体的共生单元所具有的性质和特征是不同的，在不同层次的共生单元中的性质和特征也是不同的。乡村体育旅游是由体育产业和旅游产业融合后的新兴产业，因此，其共生单元的构成较为复杂。从微观层面上来讲，乡村体育旅游的共生单元包括各利益相关主体，如游客、当地社区、相关企业、政府等；从宏观层面上来看，整个国民经济系统是一个共生体系，其共生单元是由不同类型的产业构成，也就是说，乡村体育旅游业作为整个国民经济体系的一部分。

（二）共生模式：乡村体育旅游共生发展的交互方式

共生模式也称为共生关系。在乡村体育旅游共生系统中，各共生单元是没有限制的，没有制度保证其共生活动的进行，它的发展主要依赖于各个共生单元之间的相互作用和相互关联。在乡村体育旅游的共生模式中，从微观层面来分析，主要有同行业企业和不同行业企业之间存在竞争与互补的关系；而从宏观层面来看，乡村体育旅游的共生发展，不仅要协同旅游目的地的各类乡村体育旅游资源，还必须从全域视角采取措施，如区域间的政策推动，交通、信息等方面的分享机制，寻找区域乡村体育旅游的良性共生发展模式，实现区域乡村体育旅游的互动发展。

（三）共生环境：影响乡村体育旅游共生发展的外部因素

共生环境是指影响共生体发展的所有外部因素总和。微观层面的乡村体育旅游共生环境包括内部共生环境和外部共生环境，一般来说，内部共生环境是指影响共生系统内部的各共生单元关系的因素，而外部共生环境是指影响共生系统外部的所有因素；宏观层面的乡村体育旅游共生环境是产业内部不同区域乡村体育旅游产业共生发展的环境，如自然、人文、文化、经济、交通、市场和政策环境。

三、乡村体育旅游共生发展模式研究

（一）乡村体育旅游产业与其他产业的协同发展模式

在全球经济一体化的大趋势下，各行各业都朝向纵深方向扩展，体育旅游产业也不例外。在不断探索乡村体育旅游发展路径的过程中，区域间乡村体育旅游产业的协同发展已成为一个明显的趋势，并取得了一加一大于二的良好效果。从共生的角度来看，某个区域内的各个共生单元之间存在非线性关系，彼此间相互牵连。这种关联相互交织在一起，不仅体现在旅游区自然资源的关联上，也体现在经济层面的相互关联上。此外，更深层次的社会文化、科技等方面的联系也不容忽视。正是由于这种深刻交织的深层次联系，区域间乡村体育旅游在开发的过程中，不应该将乡村体育旅游各个单元分离开来。它应该被视为协同共生的整体，将整个区域的乡村体育旅游资源进行高效整合，发挥更大的积极效应，这是区域间乡村体育旅游协同发展的真正内涵。

（二）乡村体育旅游与其他产业的价值共创模式

乡村体育旅游是一个共生系统，因此有必要从系统的角度看待其中动态的问题。从共生理论的角度来分析，共生系统中的共生单元（利益相关者）之间既相互关联又面临一系列的冲突。它既体现在利益相关者自身所面临的追求和制约因素的双重性，同时也体现在各利益相关者之间错综复杂的制约因素。例如，游客面临高质量的旅游需求、良好的旅游体验的满足和行为约束的冲突；当地社区面临着市场参与、社区收益和生态环境保护等方面的冲突；旅游企业面临利润获取和社会责任的冲突；政府则面临着资源保护和经济增长的矛盾双重性等。那么，在乡村体育旅游系统内，如何才能实现乡村体育旅游的可持续发展？首先，共生系统中的利益相关者的关系应由博弈转变为价值共创。共生系统中的利益相关者进行着动态的、网络式关联和互动，每个利益相关者对彼此资源的依赖和需求是其价值共创背后的驱动力；共创主体之间的依赖程度越高、交互时间越长，价值共创的意愿就越大。其次，从共生理论的"对称互惠共生"模式来分析，关键在于共生单元的利益形成双赢的局面，甚至是多赢的格局，前提是要有利的和互惠的。换句话说，要发展乡村体育旅游，就要有合理的市场结构和充满活力的企业，才能反哺乡村体育旅游的可持续发展。

（三）乡村体育旅游的一体化发展模式

我国地域广阔，乡村面积广阔、地理空间差异大，不同区域的乡村体育旅游资源丰富程度不同，社会经济发展程度也存在较明显的差异，这就决定了推进乡村体育旅游一体化发展要因地制宜地选择一体化发展模式。从共生理论角度看，区域一体化是在经济一体化的背景中发展起来的，也是经济一体化的重要组成部分。在全球经济一体化的发展过程中，北美自由贸易区、欧盟、亚太经合组织等一系列的区域组织应运而生，并在全球化竞争中发挥重要的协调作用。随着经济一体化的发展逐渐成熟，势必会带动旅游一体化的进程。

因此，在一定区域内，整合相邻区域间的旅游资源要素，扩展更大的市场空间，共享更多的市场利润，形成体育旅游一体化的新模式是国内许多区域体育旅游合作的基本目标。一体化互惠共生模式是实现区域间乡村体育旅游发展的理想模式，但理想的共生模式并非一蹴而就的。这是一个逐步提升共生程度的过程，包括共生意识的培养，共生单元的匹配、融合和规模的确定。根据共生理论的集聚性和互补性原则，乡村体育旅游逐步从资源共享向市场、品牌、信息、基础设施等方面扩展，形成独特的竞争优势，为区域间乡村体育旅游一体化奠定坚实的基础。

四、乡村体育旅游共生发展对策研究

（一）加强基础设施建设，提升乡村体育旅游服务质量

加快区域间城乡交通基础设施和旅游服务设施的建设，构建统一、高效、便捷的交通网络和服务网络，实现区域间示范旅游景区的联动，共同维护生态环境，重视共享资源的环境保护和环保设施的联合建设，共同制订合理的乡村体育旅游服务标准，提升整体的乡村体育旅游服务质量。

（二）强化协作共生意识，实现乡村体育旅游资源整合

资源是实现乡村体育旅游发展过程中所必需的客观条件。为了实现乡村体育旅游的共生发展，必须要打破区域间的壁垒，消除区域间合作的各种障碍，实现乡村体育旅游产品和要素的自由流动，包括有形资源（人力、场地设施、物力）和无形资源（信息、制度）；实现以区域范围内的旅游资源为依托，历史文化为线索，交通为纽带，实施空间形态的集聚和区域乡村体育旅游资源的整合。

（三）注重品牌形象开发，打造乡村体育旅游的知名度

加强乡村体育旅游景区、旅游服务单位和高校之间的合作，形成产学研。培育统一的区域乡村体育旅游品牌，联合促销和宣传，共享区域乡村体育旅游品牌形象，共享销售队伍和销售渠道；强调信息资源的公开性、透明度和通畅性，降低社会交易成本，建立区域间乡村体育旅游信息中心。

（四）政府做好顶层设计，推动乡村体育旅游做大做强

政府做好顶层设计，合理规划区域间乡村体育旅游资源的布局，建立区域间合作机制。协调区域间乡村体育旅游资源，进行全局性规划开发；联合开发乡村体育旅游路线和产品，联合宣传推广与促销，树立区域间乡村体育旅游整体形象，打破各自为政、互不关心的乡村体育旅游发展格局，走合作共赢之路，实现乡村体育旅游可持续发展。

乡村体育旅游的共生发展模式要向有为、自觉、共生、组织化的发展模式转变。乡村体育旅游共生发展的目标是在已有的共生发展要素的基础上，结合共生理论的指导，将区域范畴内的各个子系统联结起来，要从全局视角出发对乡村体育旅游资源进行统筹，优化

乡村体育旅游产品，这对区域内部而言，无疑是起着正向推动作用的。此外，还应该注意到，这对于区域外部而言也是有着非凡意义的，能够更为高效地与区域外的乡村体育旅游系统之间进行良性互动，避免不必要的资源消耗，从整体上助推乡村体育旅游产业的可持续发展。

第四节　我国乡村体育旅游的 SCP 分析及市场开发

2017 年 10 月，党的十九大报告将乡村振兴战略作为"我国建成富强民主文明和谐美丽的社会主义现代化强国"的重要内容，乡村体育事业是实施乡村振兴的重要组成部分。中共中央政治局于 2018 年正式审议通过《乡村振兴战略（2018-2022 年）》，规划中明确指出乡村旅游助力乡村振兴，将乡村旅游推向新的发展高度。乡村振兴以扶持三农为目标，实施乡村振兴战略能够满足人民日益增长的美好生活需要的现实要求，体育旅游是体育产业与旅游产业融合的一种新型旅游产品，发展乡村体育旅游成为推动乡村"三农"的原动力。乡村体育旅游融合农业资源，能够有效实现农业的多功能价值，同时能够满足游客多元化的运动休闲的体验需求，乡村体育旅游的发展带动二者的精准对接，是实现乡村振兴战略的重要内容之一。自体育产业快速发展以来，为满足人们健身休闲需求并积极推动新农村建设，我国乡村体育旅游快速发展，对我国农村经济发展、农村产业结构调整及农民收入等均有积极的促进作用。但在发展过程中仍存在困境，制约了乡村体育的快速健康发展，鉴于此，本节通过借助 SCP 范式分析我国乡村体育旅游的市场开发现状，提出乡村体育旅游市场开发策略，旨在为推动乡村体育旅游健康发展、实现乡村振兴战略提供理论指导。

一、基于 SCP 范式下我国乡村体育旅游的市场开发困境分析

（一）市场结构分析

1.产品同质化较严重

近年来由于体育旅游市场竞争加剧，我国乡村各地纷纷效仿内地开发模式，导致我国乡村体育旅游市场开发趋于相同，缺乏民族民俗特色，盲目跟风现象较为严重。目前，我国乡村体育旅游市场开发的模式大多如出一辙，其各体育旅游产品的市场开发缺乏独具特色的个性特点，我国乡村体育旅游市场供给的产品差异化不大，主要表现为产品单一化和同质化等现象。例如，广东省虽建立了南粤古驿道乡村振兴旅游产品，但实际上我国乡村体育旅游路线尚未建立，体育旅游市场开发也较为滞后。其次，我国乡村体育旅游项目主要围绕当地民族传统体育项目开展，诸如摔跤、赛马、拔河、抱石头、藏戏、角力、射击、吉韧、举重、赛牦牛、插箭、跳神、俄多、负重、数羊头、打古朵等。近年来，我国乡村

依托其特有的传统文化或传统的民俗体育文化积极开展我国乡村地区体育旅游的市场开发，但是，我国乡村传统节日体育活动尚未形成品牌，吸引力有限；再者，各地区的体育旅游活动大多趋于相同，产品的差异化不显著。

2. 产品开发进入壁垒

进入我国乡村体育旅游市场开发壁垒较低，一方面是由于我国乡村体育旅游开发尚处于初级阶段，市场体系不够完善。我国乡村体育旅游具有明显的季节性，受时间的限制较大，体育旅游组织形式较为单一，各地区体育旅游市场开发不平衡以及体育旅游结构不合理等；另一方面我国乡村体育旅游市场开发得到当地地方政府的扶持，体育旅游市场开发公司和单位进入门槛较低，退出也相对自由。比如拉萨、林芝等地区由于知名旅游景点较多，体育旅游业起步较早，需求大，政府重视以及投资也大，建立较为完整的体育旅游体系同时也积极打造旅游一条龙的服务。而其他不具备知名旅游景点的地区和乡镇，尽管积极的发展体育旅游行业，但是情况总是不尽人意，进入体育旅游市场壁垒较低，吸引体育旅游的人数有限。此外，我国乡村体育旅游发展起来的主要原因还在于很多体育健身爱好者和户外探险队自行组织进藏，在此之前我国乡村地区并没有主动积极宣传自己的特色以及引进体育旅游专业人才进藏交流和工作，体育旅游市场化、专业化程度较低，体育旅游专业型人才较匮乏，我国乡村体育旅游市场开发不足。

（二）市场行为分析

市场行为（Market conduct）是指厂家在充分考虑市场供求条件和其他厂家关系的基础上，所采取的各种决策行为主要包括企业定价行为、企业创新行为和企业营销行为等。

1. 企业定价行为不佳

据相关报道，我国乡村体育局已经开始着手发展我国乡村高原特色体育旅游产业带2017 年我国乡村体育局已将我国乡村打造为"高原特色体育旅游产业带"，是我国乡村体育旅游市场开发的主要途径和方式。体育旅游产业的价格受到市场结构、供需弹性影响，从而产生价格竞争行为；其次受制度安排及客观环境的影响，即企业会通过体育旅游产品的差异化或地域差异对价格进行调整。具体表现为：其一，我国乡村体育旅游市场结构呈现为旅游开发地区域寡头垄断，属于不完全竞争结构，体育旅游开发商是市场价格的制定者，企业可根据我国乡村地区体育旅游市场的需求量对价格重新进行调整，追求体育旅游经济效益最大化。其二，体育旅游由于受到旅游淡旺季的影响，其企业定价会因此有波动。从旅游市场供给方面，体育旅游产品具有季节性特性，旅游旺季人们对于体育旅游产品的需求较大，企业市场定价相应提高；反之，则市场定价降低。因此，价格与需求呈现正相关，当前全民健身上升为国家战略，我国乡村体育旅游有效供给不足，出现企业定价逐渐升高的现象。其三，体育旅游能够快速发展受益于国家政策文件的影响，其中包括《关于大力发展体育旅游的指导意见》《"一带一路"体育旅游发展行动方案》等，企业定价行为也随之相应调整。其四，我国乡村凭借其原生态的地理环境、高原特色的人文景观，已被世界各地人民所熟知。自然环境价值是无价的，企业往往借助我国乡村地区原植被及原地形地貌再塑造为旅游景点，其成本较高，因此针对不同环境的旅游景区企业会给予不同的定价。

2. 企业创新行为不足

创新行为主要是扩大产品差异化，提升市场竞争力，表现为技术创新和促销广告行为。当前我国乡村体育旅游仍以参观旅游为主要营销方式，其旅游运营模式较单一，缺乏对优质的体育旅游资源的开发和挖掘，缺乏招牌特色体育旅游项目，同时体育旅游企业对体育旅游产品项目和路线的宣传方式较为单一、宣传力度不足。因此，我国乡村体育旅游应积极响应政府政策，以带动全民健身为目标，利用得天独厚的自然资源，开展全民健身＋旅游项目，同时积极宣传，提升当地知名度，促进体育旅游产品营销。基于此，我国乡村体育局于 2017 年策划运营"楚布沟山地自行车体验赛""喜马拉雅徒步穿越"等群众体育旅游赛事，企业采取技术创新的方式对体育旅游进行包装，善于利用互联网等新技术开发生产出新产品，使体育旅游产业的商业性增强，从而获得高利润。我国乡村具有独特的天然资源，尤其利于户外运动的开展，其中以自行车越野项目独树一帜，"民间骑行进藏"成为我国乡村体育旅游广告宣传和创新的着手点，企业创新行为为我国乡村体育旅游市场开发注入了新活力和发展动力。

3. 企业营销行为不成熟

我国乡村体育旅游市场虽是特色的旅游产品，但在具体的市场开发过程中，其营销行为仍存在诸多问题。首先，是我国乡村体育旅游市场开发公司缺乏营销意识和能力，很多体育旅游公司不能针对消费者需求心理对症下药，再者对体育旅游市场开发的流程和实务不是太熟悉，对体育旅游市场价格和市场营销策略关系把控能力有限。其次，在我国乡村地区的体育旅游市场开发过程中，众多企业对于体育旅游产品的营销策略方案仍不成熟，尚处于发展的初级阶段，对于市场开发的营销方式缺乏深度挖掘。最后，我国乡村体育旅游市场开发品牌塑造力乏力，追求眼前利益，忽视长远发展。我国乡村体育旅游市场开发还会受到政策及人文等环境以外的其他环境的影响，例如在市场开发过程中不免存在严重的随意性及企业间恶性攀比等现象，体育旅游项目逐渐偏离了建立旅游品牌的初衷，更多的是对待体育爱好者的随意性和不在乎性，质量以及服务态度达不到以前的要求，更多的商家更是看中机会急功近利、投机取巧。长久以往体育旅游市场开发就会陷入泥潭，无法自拔，到最后劳民伤财。

（三）市场绩效分析

1. 企业利润率较低

据我国乡村旅游相关企业发布关于 2014—2016 年度财务报告显示，我国乡村旅游2015 年归属上市公司股东的净利润达 535.53 万元，但是营业利润亏约 4300 万元。2016 年财务报告显示，公司营业收入为 1.26 亿元，亏损 0.95 亿元，2014—2016 年，我国乡村旅游营收连年下降，亏损扩大。上述数据也足以反映"体育＋旅游"的体育旅游产业的利润率也较低，但是自2017年我国乡村体育局介入旅游行业的规划后，积极贯彻国办发46号文相关政策，我国乡村2017年积极构建"体育旅游产业扶贫珠穆朗玛示范区"，创新了众多"体育＋旅游"的新项目，其效果令人惊讶。例如2017年8月在珠穆朗玛峰举办为期八天的徒步大会，活动的举办为当地居民创收了百万元收益。综合上述数据及成果，顺应国家及地方相关政策文件，我国乡村体育旅游市场的开发具有极大的发展前景和市场空间。

2. 资源配置效率有待提高

体育旅游资源配置是指体育旅游企业对体育旅游产品在时间、空间及数量上进行配置，从而提升消费者的效用满意度。通过调研发现，我国乡村地区的体育旅游市场内容形式差异度不高，我国乡村地区旅游市场普遍存在旅游项目同构化、浅层次低水平经营等现象。这正是因为我国乡村地区的体育旅游产业起步较晚，当前体育旅游市场开发对于旅游经营模式及经营项目的选择都有很大的不确定性，我国乡村体育旅游产品开发模式与内容的盲目跟风现象极其严重，在一定程度上严重制约了我国乡村体育旅游市场的资源配置效率。另外，我国乡村地区的体育旅游产品主要以开发登山探险等项目为主，这主要是因为我国乡村体育旅游项目的品牌效应薄弱，我国乡村体育旅游企业及政府对于体育旅游的各类资源缺乏更加合理有效的配置，资源配置效率较低。最后，体育旅游市场由于缺乏对体育旅游专业人才的培养，政府未制订专业型体育旅游人才的培养制度，我国乡村体育旅游市场当前缺乏专业规划，对体育旅游资源仍缺乏合理配置。

3. 企业成长相对滞后

根据我国体育产业各产品开展比例，体育旅游产业占比较低，同时体育旅游作为近年来新兴产业，仍处于起步阶段。自国家旅游局和国家体育总局于2016年发布《关于大力发展体育旅游的指导意见》文件以来，体育旅游市场需求旺盛，供需矛盾使得我国体育旅游市场及体育旅游项目的发展呈现"井喷式"。据我国旅游组织公布的有关数据显示：我国体育旅游产值正在以30%以上的速度迅速增长，因此体育旅游市场发展空间极大，体育旅游企业的成长较快。再者，全民健身上升为国家战略下，为顺应健康中国的美好愿景，群众体育与休闲旅游产业兴起，"体育＋旅游"成为人们最为青睐的新兴休闲体育产品之一，人们对于我国乡村体育旅游市场开发的需求也相应增加，这无疑对于体育旅游产业的发展起积极的推动作用，为我国乡村体育旅游市场开发创造机遇。

二、乡村振兴战略下我国乡村体育旅游的市场开发

（一）市场结构策略：形成垄断竞争的市场结构

市场结构是产业成长的关键因素之一，因此我国乡村体育旅游市场开发要提高体育旅游产品的市场集中度，尽快形成垄断竞争型市场结构。首先，应该提高市场集中度。我国乡村各地政府及企业要始终围绕国家政策走向，积极重视对我国乡村体育旅游市场开发的战略布局，并对体育旅游的市场开发发展趋势给予有效引导。我国乡村旅行社及其他旅游

产业链间应加强合作与交流，形成强强联合，优势互补产业链，提高体育旅游相关产业的竞争力和服务水平。同时，对我国乡村体育旅游资源的规划上，采取整体统一开发，拓展丰富体育旅游路线，将我国乡村各类体育旅游的资源进行有效融合并创新。其次，集中主要力量发展大型的垄断企业和旅行社：中国青年旅行社、中国旅行社等垄断企业。重点扶持有影响力和口碑较好的体育旅游市场开发公司和企业。最后，提高企业进入壁垒，确保优质的体育旅游市场开发企业得以生存、发展和壮大，从而助推我国乡村体育旅游市场形成垄断竞争的市场结构。

（二）市场行为策略：企业间竞争行为围绕产品差异化

市场行为是产业成长的必要途径，因此要理性定价行为，以产品差异化为主，重视产品体验式创新。其中，我国乡村体育旅游企业开展市场开发主要以消费者需求为导向，为使不同消费者的体育需求得到充分满足。再者，我国乡村体育旅游市场开发企业行为应以产品差异化为主，注重开发特色体育旅游资源，要依据当地体育旅游现状，积极打造体育旅游浏览专线。我国乡村地区的体育旅游市场开发需要积极发挥自己的优势资源，创新特色的体育旅游项目，有针对性地开展市场开发，并积极从消费者和旅游者参与体育旅游活动的需求出发，开展体验式特色产品，尽可能地满足各类消费群体的体育需求。加大对我国乡村体育旅游产业市场开发的创新力度，重视体育旅游市场开发的品牌构建，构建创造优质的体育旅游产品，从顾客旅游的需求出发，提高体育旅游企业的服务质量和水平。

（三）市场绩效策略：提高利润水平和资源配置效率

市场绩效是企业成长性的重要体现，故为提升市场绩效需提高企业利润水平和资源配置效率。我国乡村体育旅游市场开发企业通过兼并、重组等市场行为，提高市场集中度，形成几个较大的企业集团并成为行业内的龙头企业，能够有效提高我国乡村体育旅游市场的资源配置效率，是提高企业利润水平的有效手段之一。我国乡村体育旅游市场开发集团内部之间有着共同利益、互相之间存在制约性，具有层次性和稳定性。企业集团不仅能够获得由物质生产要素的投入—产出、人力资本形成与使用、销售方面的规模优势以及多元化经营带来的范围经济优势，而且能够获得由体育旅游市场开发企业与相关产商之间的合作效率、企业与消费者之间的交易效率优势以及信息成本的节约而带来的成本优势。我国乡村体育旅游市场开发呈现强强联合事态，具备发挥企业集团制度、人力、物力和财力等优势，规避市场开发风险，促进我国乡村体育旅游市场的健康合理开发。

第五节　乡村体育旅游在城乡大众体育统筹中的发展

乡村体育旅游作为新兴的旅游产业模式，其在城乡大众体育统筹中发挥着极为重要的作用。所以，加强以生态理念观和城乡统筹发展为基础的，乡村体育旅游与城乡大众体育统筹发展模式的研究，提出全新的乡村体育旅游与城乡大众体育统筹、可持续发展思路，为我国新型乡村体育旅游发展体系的构建指明方向。

一、乡村旅游中体育元素的融入概述

旅游作为一种以游览对象和内容为基础的休闲、消遣活动，最终的目的就是为满足人们身体、精神以及文化等各个方面提出的要求。由于体育运动这一人类社会不断发展产生的文化理想，主要是以满足人们日益扩大的身心需求为目的。如果站在这一角度分析的话，虽然体育和旅游分别属于两种不同的社会现象和活动，但是，两者与社会经济、文化背景之间存在的密不可分的联系，为两者之间的相互融合奠定了坚实的基础。随着现阶段乡村体育旅游开发者对体育项目开发重视程度的日益提高，越来越多的休闲体育以及户外体育活动已经在乡村体育旅游中得到广泛的推广和应用。这种以休闲体育文化，不仅为后期大众体育的发展指明了方向，而且已经成为最重要的乡村体育旅游消费形式。另外，由于体育运动带给人的一种酣畅淋漓的情感体育，不仅满足了乡村体育旅游产业发展的要求，而且其作为乡村体育旅游参与市场竞争的重要筹码，已经得到了广大旅游者的认可。随着人们生活水平的不断提高，乡村体育旅游也通过进一步加大休闲体育项目开发力度的方式，吸引和刺激旅游者的消费欲望，乡村体育旅游中体育元素的融入则已经对城乡居民的体育锻炼产生了积极的影响。

二、对完善乡村体育旅游的建议

（一）加强政府领导，促进城乡体育旅游发展

随着政府部门对城乡体育旅游产业发展重视程度的日益提高，各级领导干部也必须在深刻领域党的精神的基础上，积极地推动旅游产业治理体系的建设和完善，在充分突出政府宏观引导功能的基础上，采取积极有效的措施，为城乡体育旅游产业的发展提供全面的支持和服务。另外，政府部门在转变其职能作用的过程中，必须尽可能地减少其对于城乡体育旅游产业发展的行政干预和控制力度，加强宣传与支持的力度，同时开辟绿色便捷的服务通道，才能确保城乡体育产业在正确社会舆论导向的引导下稳步的发展。

（二）运用生态理念，发挥资源效益最大化

生态理念实际上指的就是通过构建高科技含量、低资源消耗、低污染力产业结构和生产方式。绿色化作为生态文明理论长效与突破的必然产物，如果将生态理念应用于城乡大众体育旅游产业中，那么就必须严格地按照生态优势即经济优势理念和原则的要求，坚持多元他体育旅游产业发展的思路，合理地进行城乡体育资源与旅游资源的整合与利用，才能确保城乡大众体育旅游产业向着节约型、高标准的统筹方向稳步的前进。另外，相关部门在大力发展城乡大众体育旅游产业的过程中，应该根据城乡统筹的要求以及体育旅游发展的规律，加大产业链发展的力度，采取资源管理、开发与生态平衡相结合的方式，将体

育资源、城乡资源与经济效益紧密地融合在一起，才能在将各个资源效益充分发挥的同时，为城乡体育旅游产业的发展奠定坚实的基础。

（三）企业创新发展旅游景点，设计乡村体育旅游路线

习近平总书记在新时期中国特色社会主义建设思想中强调创新是引领社会经济发展的第一动力。作为乡村体育旅游景点的开发而言，在开发与发展的过程中，不能简单地搞单一模式的体育旅游发展模式，而是应该将自身的创新理念呈现在旅游者的面前，才能达到吸引游客的目的。作为城乡大众体育旅游产业的开发者，在规划和安排体育旅游活动内容的过程中，应该始终将自身独特理念的创新与发展作为首要的工作。虽然乡村体育旅游的特色主要集中在乡村文化、组织线路、传统风俗、旅游景点等各个方面，但是，这些相关部门应该将旅游组织路线的规划作为城乡体育旅游产业发展的重点，才能提升城乡体育旅游产业的吸引力，促进城乡大众体育旅游经济效益的稳步提升。

（四）社会创建教育平台，提高工作服务质量

由于现阶段我国的城乡体育旅游从业人员普遍存在着综合素质参差不齐、专业知识理论不足等各个方面的问题。所以，相关部门在发展城乡大众体育旅游产业的过程中，必须加强体育旅游人员综合素质培训的力度，才能为城乡大众体育旅游产业的长期可持续发展提供强有力的支持。

总之，城乡体育旅游产业的兴起以及后期发展过程中的不断完善，为城乡统筹大众体育旅游产业的发展提供了新的契机。相关部门在大力发展城乡体育旅游的过程中，积极地吸收和消化体育元素，才能在确保城乡大众体育旅游产业稳步发展的同时，发挥出其在我国社会经济发展过程中的积极作用。

第六节　乡村体育旅游发展动力机制及策略

随着全面建成小康社会攻坚阶段的到来、"健康中国2030"的实施以及国家旅游扶贫政策的推进，加速了我国乡村体育旅游发展的步伐。据世界旅游组织估计，到2020年国际游客中出于乡村体育旅游动机旅游的将占3%且每年会以15%的速度增长。乡村体育旅游是指以乡村自然人文环境资源为依托，在乡村区域内进行满足旅游者通过体育活动获得健康、娱乐目的的旅行。乡村体育旅游的发展有利于统筹城乡关系、调整农村产业结构、促进农村经济发展，同时有利于实现全民健身及全民健康的目标。针对乡村体育旅游发展的过程，明确其发展方向的动力机制及提出发展策略对于规划乡村体育旅游发展目标，实现"一村一品""特色体育旅游村"具有现实意义。

一、乡村体育旅游发展动力机制

基于推—拉理论研究带动乡村体育旅游发展的原因，有利于了解乡村体育旅游发展的方向以及更合理地制订发展策略。

（一）推力因子

1. 政府政策

近些年来，乡村体育旅游的发展得到了国家的高度重视及政策的支持，2016 年国务院颁布并实施《乡村旅游扶贫工程行动方案》，指出"策划一批参与型乡村旅游活动，如垂钓、农事体验等，大力发展乡村体育休闲运动、徒步健身等培养乡村体育旅游"；2016 年国家体育总局和国家旅游局联合发布《关于大力发展体育旅游的指导意见》，指出"优化体育旅游供给体系，充分发挥其稳增长、促改革、调结构、惠民生的作用"；2018 年国家旅游局颁布实施《关于进一步做好当前旅游扶贫工作的通知》，指出"因地制宜、开发形式多样、特色鲜明的乡村度假产品如牧家乐、森林人家等培育打造乡村特色文化体育及节庆活动"。这些乡村体育旅游相关政策的颁布实施，为乡村体育旅游的发展带来了前所未有的机遇，打造了良好的宏观环境。

2. 国际乡村体育旅游的示范作用

乡村旅游与体育的结合，在国外已经经历了一定发展，如法国、美国、日本等发达国家积累了较为丰富的经验，为我国乡村体育旅游的发展起到一定示范作用。如美国在联邦政府的牵头下，成立专业乡村体育旅游发展基金会，并创新营销手段丰富项目内容，比如冬天破冰垂钓、玉米地迷宫、珍贵小动物展览等趣味性较强的乡村体育旅游活动；法国则非常重视乡村旅游产品的多元化，推出如农场骑马、农场教学、农场狩猎等体育活动，同时注重体验性的一体化，如农场采摘产品、学习园艺、烹饪技巧等，同时在环境上注重凸显地方文化特色，目前法国乡村体育旅游已为农民带来了 700 亿法郎的收益，相当于法国全国旅游收入的 25%。基于此，在国际乡村体育旅游的示范带动下以及我国宏观环境的政策，乡村体育旅游必将迎来快速发展的黄金时期。

3. 国民经济收入及闲暇时间增加

随着我国经济社会的发展，国民经济始终保持中高速增长率。国家统计局资料显示，2016 年城镇居民人均可支配收入达 53935 元，比 2012 年城镇居民人均可支配收入 24565 元增长 45.5%。城镇人口经济收入的提高，加速推进了乡村体育旅游的发展。2015 年国务院常务会议通过了《关于进一步促进旅游投资和消费的若干意见》，明确提到要进一步推动带薪休假制度的落实以及 2016 年李克强总理政府工作报告中提到"落实带薪休假制度迎接大众旅游时代"。带薪休假政策的不断落实以及假期时间的调整多为三天小长假，对于增加城镇居民周边乡村游提供了时间和经济基础，同时据调查显示我国城镇居民周末出游方式中 70% 选择近郊乡村旅游点出游，这些因素在一定程度上推动了乡村体育旅游的发展。

4. 游客心理需求

游客的需求是乡村体育旅游发展的动力，随着我国城市化进程的推进以及健康理念深入人心加之"健康中国2030"的引领，城镇居民逃离心理日趋迫切，体现出更多的对乡村自然环境的诉求，如"回归自然""返璞归真""体验劳作"等，在这种形势下城市居民选择了5+2的生活模式。同时随着人民受教育水平的提高，探新求异、体验参与的需求不断增加，乡村作为自然的馈赠天地广阔，乡村体育旅游更是集娱乐、观赏、体验回归自然为一体的独特优势，满足了城市人群的需求成为一种时尚的消费方式，从而推动乡村体育旅游的发展。

（二）吸力因子

1. 乡村自然风光

乡村自然风光是乡村体育旅游发展的重要吸力因子，我国地大物博南北气候差异显著，从而呈现出我国乡村自然资源丰富且多样。乡村不同的地域、不同的文化、不同的民族，形成了多姿多彩、特色鲜明的乡村体育旅游资源。例如，黑龙江雪乡利用乡村自然风光开展的"雪乡两日游"包括第一天观摩国家滑雪运动员滑雪训练、组织堆雪人、打雪仗等雪山活动，第二天徒步穿越雪乡。

2. 乡村文化

由于我国农村发展历史悠久且民族众多，使得农村文化呈现多样性和特色性。乡村文化主体上包括乡村民俗、农耕文化、民间手工艺、乡村建筑等。不同的民族、不同的地区、不同的时节，各地的乡村举行不同的民俗活动，如彝族的火把节、内蒙古的摔跤、江南的龙舟竞渡等。乡村的农耕文化也蕴含着区域文化特色，如桂林龙脊"梯田文化"、洞庭湖水面养殖等。民间的手工艺作为乡村文化的传承吸引着大批体验者参观参与，如潍坊的"风筝节"、余杭的油纸伞等。

3. 乡村生产生活方式

乡村生产生活方式因其较高的参与性、体验性成为乡村体育旅游发展的最大吸引力。城市居民为了参与农事生产到农村租赁农园，体验养殖、种植的农事体验，同时通过采摘、狩猎、垂钓等方式品尝乡村野味。诸如乡村打造乡村体育旅游节形成乡村特色体育旅游文化节日，如四川南泉镇的"泉水之旅"稻田里抓鸭捉鱼、挖紫薯、环泉水骑游等活动。

二、乡村体育旅游发展策略

（一）注重顶层设计，合理布局规划

合理的布局规划对于乡村体育旅游的发展起着战略引导、综合平衡的作用。在编制规划中政府要加强引导，尽量避免重复化、同质化现象，结合资源特色注重乡村体育旅游融合的嵌入式、互动式、重组式结合。通过合理布局形成纵深结构形成特色产品类型，推动其乡村体育旅游发展的产业化。

（二）实施产品特色化、多元化开发

充分利用乡村地域性特点，实施"一村一品"战略，创建特色体育旅游村，深入挖掘特色资源及乡村文化内涵，形成特色产品。例如，依托乡村水域资源发展公开水域游泳、水上充气球、划竹筏等体育活动；山地资源发展登山越野、森林定向等活动，结合乡村文化呈现体育旅游产品的"本地化"特征。同时推进体育赛事与乡村体育的发展打造品牌乡村赛事，如金山廊下乡村马拉松。乡村体育旅游产品还需满足不同阶层人群的需求，注重多元化发展，实现多层次、多元化消费需求。

（三）乡村环境的保护

乡村生态环境是发展乡村体育旅游的基础。乡村体育旅游在发展过程中要注重政府、企业、居民和游客的"四位一体"配合，政府要加强制度建设、企业实施低碳服务机制、居民加大绿色旅游的宣传、游客做到自律爱护环境，实现同时相互监督、相互管理、相互维护，最终实现乡村体育旅游的低碳化、可持续化。

第五章 滨海体育旅游

第一节 滨海体育旅游资源的开发

在现代经济快速发展的环境下，海洋资源的开发进一步提升。当前海洋资源开发已不仅仅局限于渔业、海洋运输、海底矿产开发等领域。现代旅游业方兴未艾、发展迅猛，使得海洋体育旅游得到越来越多的关注。本节采用文献资料、访谈、实地调研等研究方法，对我国滨海体育旅游资源的内涵、资源开发的重要性、资源开发的现状进行了分析，提出了深化旅游管理，培养专业人才，打造特色品牌，优化旅游市场空间，科学、合理的开发滨海体育旅游资源等建议。

关于体育旅游的研究，是近年来受到广泛关注的新课题。目前对于"体育旅游"尚缺乏一个广泛认同的定义。针对"体育旅游的定义""体育旅游分类标准"等尚存在争议。但多数学者认为体育旅游是一种以参与或参观体育活动（场馆）为基础的旅游活动类型。海洋为体育旅游产业提供了丰富的运动资源，游泳、冲浪、潜水、滑水、风浪板、帆船、帆板、游艇、水上摩托艇等亲水运动项目均适宜在滨海地区开展。在 2013 年国务院颁布的《国民旅游休闲纲要》中明确指出国民休闲体育的发展目标，表明了我国大力发展国民休闲体育产业的决心，也给滨海体育旅游的发展带来无限机遇。然而，现阶段国内对亲水运动的研究较少，滨海体育旅游开发也存在一定的局限性，如何有效利用滨海体育旅游资源，实现滨海旅游产业的多元化和专业化发展，仍然值我们得深入探索与思考。

一、滨海体育旅游资源开发的重要性分析

目前我国滨海旅游产业发展势头强劲，"海滨游"红极一时，成为继运输、矿产之后的第三大新型产业。滨海体育旅游及相关亲水运动项目是滨海旅游产业中的一个分支，是借助沿海城市的环境资源、以体育项目为载体，融合滨海旅游、体育运动、旅游服务、运动技能指导等为一体的新型旅游项目。这种新型的旅游方式在国内外均获得较广泛的关注，越来越多热爱体育运动、追求休闲旅游的游客积极参与其中，使滨海体育旅游成为现有旅游产业体系中的新的经济增长点。作为一种新型的具有特殊性、刺激性、挑战性的旅游形式，滨海体育旅游备受青睐，并成为旅游业的新突破。

我国海域辽阔，海洋资源丰富，加之深厚的中华文化底蕴、便捷的交通体系、优质的旅游服务、良好的治安环境，具有滨海体育旅游发展的优越条件。伴随国民物质文化水平的提升，健身意识与生活品位也随之增强，精神文化需求不断提高，在体育大发展的背景下，滨海体育旅游这种新型综合性旅游项目，既能够提高国民健康水平、陶冶情操，又有利于带动区域经济发展。在兼容体育运动、休闲旅游两者社会功能的同时，对于完善高校体育教育模式、培育高质量体育人才也大有裨益。

二、滨海体育旅游资源开发现状的分析

（一）旅游资源的内涵

在旅游地理学、旅游资源学、《旅游规划通则》《中国旅游资源普查规范（试行稿）》中均对旅游资源进行了定义。据此，我们可以将"旅游资源"作出如下理解：第一，旅游资源是可以成为旅游产品的自然风景、人文景观等，如自然界中的山川湖泊、广袤平原、动物植物、气候环境等，也包括古今建筑、区域文化、风土人情、节日活动等。第二，旅游资源必须对旅游者有吸引力，能激发旅游者的旅游动机，吸引旅游者前来参观欣赏、休闲度假、愉悦身心。第三，旅游资源应具备可开发性，加以开发和运营管理可具备旅游产品的功能，并产生经济效益、社会效益等实际价值。

（二）对滨海体育旅游资源的讨论

顾名思义，体育旅游应涵盖"体育""旅游"两个不同的产业，既具有体育项目的社会功能，也具有旅游观光的社会功能。可以说，体育旅游是体育和旅游两大产业交叉合并而形成的项目，必须以体育资源和旅游资源共同作为支撑条件，离开任何一方的资源支持，体育旅游都不可能存在、发展。就狭义角度而言，体育旅游资源是体育旅游项目的载体，是吸引旅游者参与体育旅游的各种实物，如体育场馆、体育赛事、运动景点、景区等。与体育主题有关的民俗活动、竞技项目也是体育旅游资源的一种。从广义上理解，体育旅游资源是具体存在的，可吸引并满足人们体育运动需求的环境，能够为体育服务、体育旅游提供支撑，并产生实际价值的全部事物与因素的总和。

滨海体育旅游是体育旅游的特殊分支，具有一定的特殊性与局限性。其特殊性在于需要借助沿海城市的特殊地理环境，其局限性在于需要将滨海旅游资源作为基础。滨海体育旅游辐射了滨海旅游与体育运动，作为一种新兴的休闲方式，它具有愉悦身心、提高游客生活质量的现实意义。滨海旅游资源则是指代那些位于滨海地区、能激发游客旅游热情、具有开发和运营价值、能够作为体育项目和旅游服务支撑条件、能够产生实际价值的所有资源的总和，这其中包含自然资源，也包含人文社会资源。

（三）滨海体育旅游资源开发现状的概述

滨海体育旅游项目多属于较高消费，要求滨海体育旅游项目的开发区域具备较好的经

济基础。完善的基础设施与旅游服务条件是滨海体育旅游发展的有力支撑，要求开发滨海体育旅游项目的地区交通便利、医疗设施完备、星级酒店数量达标。除了上述基础条件外，滨海体育旅游的发展需要以沿海地区的资源环境作为支撑，区域资源环境质量直接影响着游客的旅游动机。可以说，区域体育旅游资源质量越高，游客的旅游动机就越强。可以反映区域体育旅游资源环境条件的因素有区域海岸线的长度、气候环境、绿化情况等。滨海体育旅游涉及各环节的管理与服务，人力资源素质优劣直接影响了产业各环节的质量，进而影响相关旅游产品的吸引力。反应人力资源情况与专业化水平的因素包含从业者数量、当地旅游院系学生数量等。

现阶段，辽宁、河北、山东、江苏、浙江、福建、广东、广西、海南等省份及天津、上海共计11个省份（不含港澳台），2001—2015年间经济基础、基础设施、资源环境、人力资源、客源市场五项滨海体育旅游资源开发的支撑条件呈波动趋势，但总体变化的幅度不大。2008年在全球金融危机的影响下，上述几项条件的波动较为明显。2008年以后，广东、浙江、山东、河北、辽宁、广西六个省份上述支撑条件波动较为明显，呈上升趋势，之后又呈下降趋势。自2009年后上海滨海体育旅游资源开发支撑条件呈上升趋势。而江苏与广西整体呈现波动上升。福建与海南两省2008年后滨海体育旅游资源开发支撑条件小幅度上升随后下降。就经济基础而言，上海、广东、浙江名列前茅，海南和广西两省则表现出经济基础较为薄弱。广东、山东两省在基础设施建设方面表现最佳，而天津市和海南省的基础设施情况较弱。浙江、广东两省因占据优越的区位优势，海洋资源丰富、气候环境好，而海南省和上海市的资源环境较弱。广东、江苏两地滨海体育旅游人才资源与高校体育人才培养情况俱佳，人力资源方面，河北省与天津市排名靠后。广东省和上海市凭借区位、交通上的优势在客源市场方面表现极好，广西壮族自治区与河北省因区位上占据劣势，客源市场薄弱。

就滨海体育旅游资源开发情况而言，浙江省以其海岸线的绝对优势和环境保护优势为滨海体育旅游资源开发提供了的强大支撑。而山东省发展滨海体育旅游资源开发的基础设施条件过硬，尤其是城市可达性与医疗基础方面优势明显，但人力资源开发有待进一步加强。上海凭借其经济基础与客源市场方面的优势极大地提高了滨海体育旅游资源开发的速度，但海岸线短是目前制约上海滨海体育旅游资源开发的重要因素。江苏在滨海体育旅游资源开发方面需要关注的是资源可持续利用、生态环境保护与市场开拓。福建滨海体育旅游资源环境优势明显，但人力资源支撑较为薄弱、高校旅游院系学生数量较少，表现出旅游人才资源的缺乏。辽宁在经济基础、基础设施、资源环境、人力资源、客源市场等方面均有待提高。河北省在基础设施、资源环境、人力资源方面有一定优势，但经济基础与客源市场是制约滨海体育旅游资源开发的主要因素。天津则在资源环境、人力资源、基础设施开发方面表现较弱。广西滨海体育旅游资源开发相对落后，需要加强经济发展与市场开发。海南在资源环境开发方面有相对优势，但需强化经济发展、基础设施建设与市场开发。

三、滨海体育旅游资源开发的优化举措分析

（一）深化旅游管理

滨海体育旅游属于第三产业，在相关旅游资源开发方面，需要顺应经济发展方式转变的大背景，积极响应相关政策，科学合理地开发滨海体育旅游资源，以促进产业的长足、可持续发展。首先，成立专门的管理机构，对各类滨海体育旅游资源加以整合，确保资源开发的科学性、合理性、可行性、环保性。其次，在滨海体育旅游资源开发的同时，做好监控与协调，以开发与保护结合为原则，防治因滨海体育旅游开发带来的建设性破坏，防治对区域水资源与大气环境的污染问题。最后，也是最为关键的一点，即在滨海体育旅游活动的组织上，需要基于安全第一的原则，完善安全监督与管控机制，在保障安全的基础上实现滨海体育旅游服务管理的规范化和专业化。

（二）培养专业人才

滨海体育旅游资源开发需要不断引进专业化、高素质的人才。从事滨海体育旅游的人员需要兼具旅游专业知识与滨海体育项目运动技能，故培养优质、专业的人才势在必行。以满足现阶段滨海体育旅游资源开发的可持续发展，第一应提高现有从业人员的专业素质，优化现有岗位管理体系，积极开展岗位技能培训，促进从业人员的专业化发展。第二应在本地高校开设符合区域发展需要的体育旅游类专业或相关课程，或在原有体育专业、旅游专业人才培养的基础上设施"滨海体育旅游"模块化课程，完善现阶段的高校体育专业、旅游专业人才培养体系，为滨海体育旅游资源开发与产业发展不断输送专门化的体育旅游人才。第三应创新人才引入机制，积极引进可从事滨海体育旅游项目策划、营销、运行管理、运动技能教育的专业人才，为滨海体育旅游的发展提供丰富的人才资源。

（三）打造特色品牌

充分利用各地区独特的自然地理环境、气候优势，以海洋、海滩资源为基础开发融竞赛、表演为一体的滨海体育活动，如沙滩排球、沙滩足球、沙滩高尔夫等。在确保与周围环境相协调的情况下，开发多层次、多种类的特色滨海体育旅游项目，如观光型、体验型、参与型。休闲观光型主要包含各类体育赛事，休憩体验型主要为海水浴、日光浴、沙浴、沙雕、海边露营等，运动参与型则主要为潜水、水上摩托车、帆船、游泳等。通过深入开发各类旅游资源，丰富旅游产品，从而吸引更多的游客参与到滨海体育旅游项目之中。同时着力打造滨海体育旅游城市的形象与城市品牌，将各类体育旅游项目与当地的海洋文化相结合，开发独具区域特色的滨海体育旅游产品。

四、关于滨海体育旅游资源开发趋势的展望

滨海体育旅游作为一种新型的旅游活动，需要强化旅游者对滨海体育旅游的认识度，

同时加大滨海地区体育旅游的市场开拓力度，并予以更多的资金支持和政策扶持。目前很多丰富的滨海体育旅游资源尚未得到充分发掘，需要借助政策杠杆、增加资金投入比，采用灵活的融资模式吸纳国内外资金的参与。滨海体育旅游资源供需不平衡，需要不断优化滨海体育旅游项目，不断提高滨海体育旅游从业人员的专业素质、不断引进相关专业的高素质人才。就人才培养角度而言，在加大现有从业者培训力度的同时，也应该积极完善沿海城市高校体育、旅游等专业的教育体系，培养兼具体育运动技能与旅游专业素质的复合人才。

由于影响滨海体育旅游资源开发的因素较多，各地区滨海体育旅游资源条件差异较大，区域特色明显。因此需要着眼于"大发展、共发展"理念，积极开展跨区域、跨部门、跨专业的联动合作，积极借鉴国内外的优质理念与先进经验，整合各地滨海体育旅游资源，打造融合自然生态、人文民俗、赛事活动等一体化的海洋体育旅游区，在市场导向下因地制宜的发展滨海体育旅游产业，并树立富有区域特色的海洋体育旅游品牌。不断缩小各地滨海体育旅游资源开发差距，坚持国内外市场的共同拓展，以优化客源市场空间。

我国有着丰富的滨海体育旅游资源，资源种类多，国内客源市场广阔，国外客源市场稳定增长。就当前滨海体育旅游资源开发现状而言，想要获得滨海体育旅游的持续发展，需要适时地开发更高层次的滨海体育旅游产品以增强该项目的吸引力。尽管现阶段各地区的滨海体育旅游资源都有一定程度的开发，并相继打造了一些具有吸引力的滨海体育旅游项目。但总体而言，滨海体育旅游资源开发的市场观念尚未形成、体制机制也不够完善、资源开发深度与层次不够、体育旅游管理专门机构与人才的匮乏、人力资源不足等问题仍较为严峻。但我国滨海体育旅游资源开发，优势大于劣势、机遇与挑战并存，在今后的发展中需要充分发挥优势，改善和克服劣势，不断地增强滨海体育旅游的核心竞争力。

第二节 滨海体育旅游的建设及其发展

在相关资料查询和实地考察的基础上，对广东滨海体育旅游的建设及其发展进行探讨。研究认为：广东有丰富的海洋旅游资源，有广阔的旅游市场，可打造众多的旅游产品供人们选择。广东滨海地区的体育旅游发展应依托本地区的资源特色，以满足市场需求为导向，打造体育旅游的健身、娱乐的本质，突出休闲、文化、养生三大特色主题，使滨海地区的体育旅游向纵深发展。

一、滨海体育旅游发展背景分析

从1999年第一个"黄金周"诞生至今，我国旅游业已发生翻天覆地的变化。根据相关资料显示，2014年我国旅游业实现了平稳增长，全国旅游总收入3.38万亿元，增长

14.7%，其中国际旅游收入 569 亿美元，增长 10.16%。国内旅游 36 亿人次，增长 10%；入境旅游 1.28 亿人次，下降 1%；出境旅游首次突破 1 亿人次大关，达到 1.09 亿人次，成为目前世界最大客源市场，且这一数据仍在上涨之中。凭借我国旅游业整体的快速发展，体育旅游市场潜力巨大。自国家旅游局推出"2001 中国体育健身游"，2008 年北京奥运会成功举办以来，国民对体育旅游愈加关注。在国家的大力扶持下，我国体育旅游产业已成梯度发展趋势，每年增长 30%～40% 之间，体育旅游市场势必成为我国旅游休闲领域的新亮点。体育旅游是体育产业的一个重要组成部分，是体育产业与旅游业交叉渗透而产生的一个新的经济领域，同时又是旅游业发展的一个新亮点。随着我国经济的快速发展，人们休闲时间的增加和健身意识的不断增强，体育旅游业正在成为我国最具活力的朝阳产业之一。

海洋不仅是一个巨大的资源宝库，而且孕育了灿烂的海洋文化。滨海清新的空气与充足的阳光（Sun）、松软的沙滩（Sand）与海浪（Sea）构成了以"3s"著称的滨海休闲资源，形成运动与疗养胜地。滨海体育旅游便是在这样环境中成长起来。滨海地区海陆交界，交通便利、气候宜人、空气清新，各种旅游资源多彩丰富，是众多人们去观光、滨海淋浴、冲浪潜水等水上娱乐项目和度假休闲的旅游胜地。据相关资料统计表明，旅游业已成为一些滨海地区的重要产业或是支柱产业。如世界旅游大国法国的马赛、尼斯等城市及法属海外领地——大溪地、西班牙的巴塞罗拉、巴西的里约热内卢、印尼的巴厘岛等都是世界著名的滨海旅游胜地。滨海体育旅游作为新型的、具有刺激性和探险性的专题旅游，因旅游者自身参与其中，越来越受欢迎，成为滨海旅游的重要组成部分。滨海体育旅游作为滨海旅游业中发展最具潜力的领域之一，具有广阔的发展空间和拓展领域。

近年来，广东滨海旅游业发展迅猛，目前广东滨海地区旅游总收入占全省旅游总收入的 76%，每年旅客接待量仍保持两位数的增长，展现出良好的市场发展势头和经济发展潜力。滨海体育旅游作为滨海旅游新的增长极，是滨海旅游的重要组成部分。然而通过对比我们可以发现，在国内相对海南省，在国外与就近的新加坡、马来西亚、泰国等地相比，无论在开发规模、层次还是服务水平，均存在明显差距。广东丰富的滨海旅游资源尚未创造出与之相匹配的经济效益。广东作为中国经济最发达的省份、旅游市场最大的省份，拥有丰富的滨海旅游资源、滨海旅游市场，具备开发滨海体育旅游的优势条件。广东滨海地区，应该充分利用"21 世纪海上丝绸之路"建设平台，通过规划，探索具有广东特色的滨海体育旅游健康发展之路。

二、滨海体育旅游概述

"滨海体育旅游"作为一个综合性的概念，其涉及的范畴很广，对其概念，学术界目前尚未给出一个统一的定义，但针对滨海这一词的定义还是比较清晰的。滨海，意为靠近海边、沿海的意思，其通常也指沿海城市。体育旅游作为体育活动与旅游活动的综合产物，国内外的众多学者对其内涵和外延有不同的见解，到目前为止还没有一个概念界定，对体育旅游概念的界定还有待进一步完善。在研究引用体育旅游时常常引用较多的以下几类观点：①体育旅游是人们在特定的休闲时间，例如假期，利用特别有吸引力的自然环境和人工体育设施、身体娱乐设施进行活动的方式；②体育旅游是以体育为基础，离开常住地环境外出旅游一段时间的活动。这里的体育具有特定的规则、与身体机能相关的竞争性以及玩乐性；③体育旅游是以体育资源和一定的体育设施为条件，以旅游商品的形式，为旅游者在旅游游览的过程中提供融健身、娱乐、休闲、交际等各种服务于一体的"经营性项目群"等。

综上所述，旅游界和体育界的学者们对"体育旅游"从不同的角度进行了探讨，提出许多有建设性的观点，但并未对此给出一个可以公认的定义。虽然这一概念尚待明确，但有一点是可以公认的，即体育旅游作为一种新兴的或特种旅游活动项目，此行业不仅是客观存在的，而且是具有发展前景的。本节所研究的滨海体育旅游主要指：在沿海地区或是沿海城市依托滨海的自然资源和体育设施，以体育为基础进行的以观光、娱乐、健身、休闲等目的身体活动。本节所要讨论的广东滨海地区，包含潮州、揭阳、汕头、汕尾、广州、深圳、东莞、惠州、中山、珠海、江门、阳江、茂名、湛江 14 个城市。

三、广东滨海体育旅游发展的基础性分析

（一）广东滨海体育旅游业政策环境分析

滨海体育旅游是以滨海地区的体育资源为基础，吸引人们参与其中的一项旅游活动。因其在我国还处于初步发展阶段，滨海地区的各类旅游产品还不成熟。因此，对体育旅游产业可持续发展的政府扶持政策，是实现体育旅游产业持续、快速、健康发展的决定因素，也是我国体育旅游产业实现快速而和谐发展的必然选择。广东省是国家旅游局批准的全国旅游综合改革示范区。在现阶段针对体育旅游或滨海体育旅游还未出台先关政策，但针对旅游业在国家旅游局的大力支持和省委省政府的高度重视下，自 2009 年开始在全国率先试行国民旅游休闲计划。2009 年 2 月，省人民政府出台了《关于试行广东省国民旅游休闲计划的若干意见》（粤府［2009］19 号），推出 18 条措施推进实施国民旅游休闲计划。2012 年又推出《广东省旅游发展规划纲要》（2011 — 2020 年），对广东省深入实施国民旅游休闲计划做了纲领性部署。另外，广东还积极推进金融与旅游融合发展，探索发行了全国首张国民旅游休闲卡，打造广东居民的旅游身份证，成为试行国民旅游休闲计划的重要载体。在具体措施方面，举办各种旅游休闲活动，如"广东人游广东 · 粤游粤精彩""珠三角休闲欢乐节""城际旅游大联盟"等各种旅游休闲活动。这一系列的扶持政策，对广东省居民的旅游休闲意识进一步提高，旅游休闲产品不断丰富，旅游休闲发展环境不断改善，旅游综合消费大幅提升，都取得了良好的成果。

（二）广东省滨海体育休闲旅游的资源分析

丰富的滨海资源为广东滨海体育旅游的发展奠定良好自然基础，滨海体育旅游的产生和发展有赖于丰富的滨海资源。广东省濒临南海，全省大陆岸线长 4 114.3 公里，居全国首位；岛屿面积 1 500 多平方公里，居全国第三位；海域总面积 41.9 万平方公里，拥有多样的海岸类型和丰富的滨海旅游资源。由于广东地处亚热带，气候温暖、阳光充足，大部分海域海水水质符合清洁、较清洁水质标准。全省可供开发的滨海沙滩有 174 处，沙滩总长 572 公里。海岛众多，大于 500 平方米的海岛有 759 个，海岛岸线长 2 428.6 公里。红树林面积较大、分布较广，并有着中国大陆架上面积最大、保护最完好的珊瑚礁群。滨海各市有众多的文物古迹和独特的风情习俗，多元的城市景观，也成为重要的旅游资源。

在全国率先开发滨海旅游，滨海旅游业已成为广东省旅游的一大特色，也成为广东省海洋产业的重要部分。2010 年 3 月，广东省滨海旅游启动，共评定出深圳市金沙湾海滨度假区等 13 家滨海旅游示范景区。

（三）广东省滨海体育旅游的客源分析

《2014 中国旅游业发展报告》评价结果显示，在我国各省域中，旅游综合竞争力排在第一梯队的依次为广东、北京、浙江、江苏、上海、山东、四川、辽宁、安徽和湖南；在全国副省级城市中，旅游综合竞争力前十名的城市依次为广州、深圳、杭州、成都、武汉、青岛、南京、厦门、宁波和西安。广东已发展成为全国乃至亚太地区最重要的旅游客源地、旅游目的地和旅游产业集聚地之一。

广东作为我国最大的旅游客源地和目的地之一，其旅游收入近年来也跃居国内第一，旅游市场十分广阔。对其旅游市场的客源分析，不仅是编制旅游规划的重点，还对新型潜在滨海旅游区选划和最终确定都起重要的参考作用，甚至是决定性作用。由于对体育旅游者、体育旅游收入的统计口径难以界定，导致没有相关体育旅游市场的权威数据资料，只能根据广东目前的相关旅游数据进行粗略的估计。由广东统计局的统计数据显示，来广东旅游的游客大致由两部分构成。其一是国内游客，其规模由 2012 年的 2.4 亿人次达到 2014 年的近三亿人次，占据国内近十分之一的比例，且一直持续保持增长。其二是入境游客，这里面又分为港澳台同胞和国外游客。港澳台游客占据入境游的这些国家（地区）的旅客的近 80%，最近三年每年都达到了近 2 500 千万人次的规模，整体趋于比较平稳的趋势。国外游客大概占入境游客的 20% 左右，大约有 800 万人次。入境游客中有很大一部分思想开放，经济条件好，乐于参加一些探险、刺激的休闲海上体育旅游项目，他们作为广东滨海地区体育旅游重要的客源市场，对其市场的开发还有很大的潜力。

（四）广东省滨海体育旅游的产品分析

旅游产品是指在旅游市场上由旅游经营者向旅游者提供的，满足其旅游活动各种需求的实物和服务的总和。滨海体育旅游产品因游客的参与度高、自主选择性强，加上产品具有时效性、刺激性及娱乐性等特点，已经成为滨海旅游的一个新热点。所以说，体育旅游产品不仅仅是一个简单体育项目，而是一项能与旅游者产生高度互动的产品，更多的是与产品相关的承载物和联想物。

通过现有的调查和过去的资料查询，我们了解到，广东滨海地区的体育旅游的休闲观光型产品主要有各地区举办的龙舟赛、帆船邀请赛、高尔夫赛事等。休憩体验性产品主要集中在沙浴、沙雕、海水浴、日光浴、滨海露营等。运动参与性产品比较多，在各个滨海地区都有不少，诸如：潜水、沙滩排球、水上摩托车、滨海游泳、帆船，等等。

得益于广东地区强大的经济发展和广阔的旅游市场以及省以及政府的重视，广东不仅评选出多家滨海旅游示范区，还有针对性地对滨海旅游景点的与体育旅游产品有关的项目进行续建、扩建和新建。这一系列的项目将会使广东体育旅游产品变得更加丰富，吸引更多的旅游者参与到体育旅游中来。

四、广东滨海体育休闲旅游的发展建构

滨海地区现在已经成为当今世界最发达的旅游带，国内沿海城市中大多都是旅游的热点，如大连、青岛、厦门、海口、等地。这些地区借助当地的旅游资源开发了大规模的滨海度假区，其中不乏以体育旅游为特色的度假区。在国外，如地中海、东南亚、夏威夷、澳大利亚等地区早就已经成为国际滨海旅游的首选之地。近年来，我国滨海旅游正不断升温，滨海旅游的人数和规模不断扩大，滨海旅游业呈现出快速增长的趋势。如何借助滨海旅游带来的大量客源市场，使其由普通的观光体验游览，参与到滨海体育旅游中来。这是我们体育旅游设计者、经营者，以及专业人士都应该重点关注的问题。虽然我们有相关政策支持、优质的旅游资源、庞大的客源市场、以及多选择的旅游产品，但广东滨海地区与国内优秀滨海旅游地区和国外成熟的滨海旅游地区相比，还有很大差距。

（一）打造别具特色的滨海体育旅游产品

与其他类型的旅游产品相比，体育旅游作为一种参与度非常高的旅游活动，旅游者与体育旅游产品有更强的互动性。优质的体育旅游产品，不仅能充分利用当地的旅游资源，还能开拓更广阔的体育旅游市场。体育旅游产品的开发一直是广东滨海地区的薄弱环节，众多滨海地区的体育旅游经营者也处在经营困惑的状态，仅仅依靠"阳光沙滩，碧浪清波"已经不能更好地将体育旅游产品卖出去了。但广东滨海体育旅游的发展又具有很多先天性优势，如：质地优良的海岸线、良好的区位优势、庞大的旅游市场，等等。这都非常适合滨海体育旅游的发展。但不管和国外比还是和国内相关旅游强省相比，整个广东滨海地区到目前为止还未成为世界知名的体育旅游产品。一方面，整个广东滨海体育旅游品牌开发层次大多较低，缺乏个性且内容设置大多雷同；另一方面，体育旅游产品的结构设置不合理，与此相对应的配套服务也还不完善，导致整个体育旅游产品开发力度远远不够，产品特色不足，缺少知名品牌。因此，广东滨海地区应根据自身的特点与优势，因地制宜地选择具有特色的体育旅游产品进行开发。

（二）加强大型体育赛事的营销

大型体育赛事不仅是沿海城市品牌的承载体，它不仅能使举办城市的经济、社会等实现可持续发展，对周围城市也会产生一种辐射扩散效应。

体育赛事特别是有影响力的体育赛事，在举办期间甚至之后的一段时间，往往是媒体、社会大众所关注的焦点。体育旅游强国——澳大利亚每年通过举办多项体育赛事为比赛地带来众多的游客。如，每年的澳大利亚网球公开赛、超级摩托车世锦赛、一级方程式大奖赛以及多项世界级帆船赛和高尔夫球赛等。这一系列的赛事不仅为当地带来实实在在的旅游收入，还提供了塑造城市形象与宣传营销的新平台。通过体育赛事效应的影响，对举办城市的发展产生了积极而长远的影响。

广东滨海地区长夏无冬，气候宜人，又有广阔的旅游市场做支撑，通过举办体育赛事与广东旅游结合起来，不仅能丰富广东旅游资源，还能提高广东的旅游影响力。大赛事因暖而至，旅游业因赛而暖。广东滨海地区也举办过不少大型体育赛事，如：湛江举办的海上国际龙舟邀请赛等水上赛事，深圳地区的中国帆板公开赛、F1摩托艇世界锦标赛，珠海地区的国际龙舟赛，等等。但这些比赛要不是影响力不够，就是举办不连续，没形成好的效应。体育赛事不仅是一项旅游资源，还是一项产业。举办大型体育赛事是一个重要的开端，它就像一把钥匙，可以开启体育旅游的产业链，上游是体育产品的制造、维护及运营，下游则是旅游交通业、酒店餐饮业、公共服务业、展览业、地产业等。目前，广东大型体育赛事举办不久，还没有形成示范效应，媒体宣传也不够，不能真正起到带动广东滨海体育旅游以及整个产业链的作用。可以肯定的是，举办好大型体育赛事，能提高所在地在全国及世界的知名度，促进本地群众体育和旅游业的发展，打造成具有当地特色的体育旅游项目，带动人们参与滨海体育休闲活动起到极大的推动和促进作用。

（三）培养从事滨海体育旅游的相关人才

滨海体育休闲产业是一种服务性的行业，从业人员素质的高低对经营成败起着至关重要的作用。由于广东滨海体育旅游起步较晚、发展快，各大专院校在滨海体育旅游相关专业的设置和培养上未能赶上发展的步伐，导致广东相关的体育旅游人才十分匮乏。体育旅游作为一种专项旅游，特别是滨海地区的体育旅游，应该需要更多的专业人才参与到其中的运作与管理，只有这样才能为广大游客提供专业的指导；与此同时，对于刺激性强、有风险的体育项目，要建立严格的安全保障制度，让游客安全地感受体育项目给他们带来的乐趣。然而，现实的情况却不容乐观。从走访的几个滨海旅游胜地来看，为了降低成本获取更大利润，大部分经营者都雇佣非专业、低学历人员，在入职前也未进行过系统的专业培训，导致大部分滨海体育项目服务质量不高，很多项目还未体验到其中乐趣，整个活动就结束了。

若要从整体上解决体育旅游在滨海地区有人气没市场的局面，需要从根本上入手——专业体育旅游人员。滨海体育休闲产业，从项目开发到经营管理，再到一线服务，无不需要专业人才的参与。人才问题将会是制约广东滨海体育休闲产业开发的一个重要因素。滨海体育旅游需要大量从事体育旅游产业开发、管理、运动技术指导和安全保障的专业人才，如何加大对专业人才的培养，完善滨海体育旅游专业人才的培养体系是当务之急。

（四）突出体育旅游本土性和文化性

旅游者之所以愿意到某个地方去旅游，去参与其中的某项活动，与当地旅游资源的独特性和稀缺性是分不开的。广东作为岭南文化的发源地，在语言风俗、历史文化等方面都有着独特的一面，与我国北方地区有很大的不同。另外，据不完全统计，广东籍广东地区华侨华人、港澳台同胞人数近3 000万人，其中华侨华人约2 000万人，港澳同胞约600万人，台湾同胞约400万人，遍及世界100多个国家和地区，这些都是其他地区所不能比拟的客源资源。广东滨海地区的体育旅游资源十分丰富，非常适宜大力发展滨海体育旅游，但从周边环境来看，同类产品竞争十分激烈。国内较近的有福建、海南、广西等地，国外就近如泰国、印尼、马来西亚、越南等地的滨海体育旅游开发都明显优于国内。可见，广东滨海体育旅游与同类、同质地区的体育旅游竞争十分激烈。由于很多地区体育旅游产品的同质性强，可替代性也强，所以在对广东滨海体育旅游的开发过程中，如果不注重创立本地区特有的旅游产品，在与国际滨海体育旅游的竞争中将缺乏竞争力，毫无优势。

为此，广东滨海地区应借助当地体育运动的类型多样、底蕴深厚的运动文化，这些使广东滨海地区拥有宝贵的体育旅游资源。广东滨海各市有众多的文物古迹和独特的风情习俗、多元的城市景观。在整理和设计体育旅游资源时如何能体现出当地的本土性和文化性，才是最为关键的。我国很多景区已经开始打造具有本土性和文化性的产品，并已经开始获益。打造具有浓厚本土性和文化性的体育旅游产品，不仅能展现出自身独特的魅力，还能为广东滨海地区体育旅游的发展创造好的契机，也能为旅游产业系统升级和景区产品提升。

第三节　广西滨海体育旅游品牌培植策略

滨海体育旅游随着滨海旅游的发展得到了空前的认识和重视。可以品牌为研究切入点，剖析建立广西滨海体育旅游品牌的重要意义和创建品牌的基础，提出品牌培植的基本思路：整合资源，建立统一品牌体系；准确定位，长远规划；优质产品的支撑；服务的升级；人才培养和员工培训；强化宣传力度；环境的保护；旅游线路优化，通过研究旨在为广西滨海体育旅游的开发提供一定的借鉴。

随着人们生活水平的提高和闲暇时间的增多，旅游成为很多人休闲放松方式的首选。而单纯以观光为主导的传统旅游逐渐满足不了消费者对旅游多样化的需求，追求独特性、趣味性、健身性的个性化旅游受到更多人们的青睐。体育旅游正好契合了这种发展趋势。据统计，近些年体育旅游利润是传统观光游的三倍。随着体育旅游的兴起，各种体育旅游品牌不断的孕育和成长,"去黑龙江滑雪、去内蒙古骑马、去亚龙湾潜水、去夏威夷冲浪、去瑞士登山"等人们口中习惯的说法不仅彰显了对旅游地的赞誉,更是对体育旅游品牌的认同。

广西沿海城市(包括钦州、北海、防城港,简称:钦北防)具有独特的滨海资源,为滨海体育旅游的开发提供了良好的契机。陈满平、王献生、荣云分别从宏观视角、SWOT分析、RMP理论对北部湾滨海体育旅游的开发提出了各自的见解,为地方性滨海体育旅游发展积累了丰富的理论素材。体育与旅游交融共谋发展,已经达成业界的共识,本节切换研究视角,以品牌为切入点对广西滨海体育旅游进行研究和探讨,旨在为滨海旅游可持续发展拓宽思路。

一、创建广西滨海体育旅游品牌的重要意义

(一)品牌的创建能够提高市场的核心竞争力

据统计资料表明,沿海地区近年来接待的游客人次以每年20%～30%的速度递增。而随着滨海旅游产业的迅猛发展,加之游客消费逐渐趋于理性和成熟,面对旅游目的地严重的同质化现象,品牌成为市场营销的核心任务。品牌往往作为消费者消费行为选择的重要依据,产品通过品牌向消费者传递产品的内在价值。滨海体育旅游品牌不仅融合了体育旅游产品的内涵,更突显了外在的品质形象和市场影响力。研究也表明,如今产品的竞争力最终体现的是品牌的竞争力,品牌是产品核心竞争力构成的主要因素,是抵御行业竞争的有效手段,是开拓市场和占有市场能力的重要因素。而在经济领域中"品牌就是市场"和"品牌就是客户"的论调也获得越来越多学者的认同。

(二)品牌能够促进产业结构的升级和完善

旅游产业结构升级主要表现为单一产权结构向多元产权结构转变和单一产品结构向复合产品结构转变。在品牌的综合效应影响下,体育旅游品牌的形成对整个广西滨海区域旅游业的发展将起到不可忽视的作用。品牌建立以后,涉及产业链当中各行业之间的竞争随之加剧,为了获取更为丰厚的利益回报和占有更大的市场份额,整个配套的产业链也随着产品品牌竞争力的加强得到实质性的增强。简单地说,滨海体育旅游产品中的"食""宿""行"等涉及的基础设施和服务水平都能得到有效的升级和改善,以满足品牌随之增长的竞争力需求。同时,产业链的优化和升级,对下游的产业起到一定的促进作用,进一步促进整个区域经济的发展。

二、品牌创建的基础

(一)政策基础

从国家层面,2009年我国政府明确提出要把旅游业培育成国民经济的战略性支柱产

业和人民群众更加满意的现代服务业，要建设世界旅游强国。同年，国务院出台的《关于加快发展旅游业的意见》中将体育旅游产业作为旅游产业的重要内容。从地方层面，2008年1月《广西北部湾经济区发展规划》正式获得国家批准，规划中提出将北部湾打造成"区域性国际旅游目的地和旅游促进中心"，提出构建北部湾旅游圈，并将旅游产业作为重点产业、先行和先导产业，大力发展滨海旅游业。2009年12月国家旅游局批准通过的《北部湾旅游发展规划》中，将广西北部湾经济区的南宁、防城港、钦州、北海四市定为核心区，与主体区中广东省雷州半岛的湛江、茂名和海南省西部的海口、三亚，作为我国发展环北部湾旅游合作最前沿，大力发展跨国旅游。将建设钦北防滨海旅游度假区，与规划中的几个区域一起于2015年，建成亚洲一流的旅游目的地，同时联合周边各国省市，将其建成世界级的旅游目的地。这都为广西滨海体育旅游的发展提供了良好的政策环境。

（二）区位基础

广西沿海三市位于我国大陆海岸线的最西南端，它们处于南经济圈、东盟经济圈、西南经济圈的交汇部，是我国大陆东、中、西三大地带交汇点，东临粤港澳，背靠大西南，面向东南亚，沿海、沿边、沿江，是我国西部唯一沿海的地区，是最便捷的西南出海大通道，是我国对外开放、走向东盟、走向世界的重要门户和前沿，在我国与东盟、泛北部湾、泛珠三角、西南六省区协作等国内外区域合作中具有不可替代的战略地位和作用。近几年来，经济的发展带动了交通的发展，高速交通网络趋于完善，三市距离省会南宁最短的不到126公里，最长的为223公里，而随着2014年三市高铁网络全面贯通，南宁乘坐高铁到钦州、北海，防城港三市也更加的便捷。同时，航空网络也得到了不断地加强，每天数以百计的航班从南宁吴圩机场起降，航线得到了优化和提升，而机场有直通三市的机场大巴。

（三）资源基础

广西沿海三市海岸线总长1595公里，海域面积12.93万平方公里，沿海滩涂1000多公里，软质沙滩约占90%以上，海域优良，海水无污染，有较高的能见度。三市处于北纬20度~22度之间，属热带北缘，长夏无冬，光照充足，全年平均气温在22度~23度之间，气候宜人，夏季是避暑胜地，冬季亦温暖如春，是国家运动队冬训基地的最佳去处，为各种体育项目的开展提供了优质的条件。目前三市共有国家级自然保护区3处，自治区级保护区2处，自治区级风景名胜区3处，国家级旅游度假区1处，自治区级旅游度假区3处。拥有享誉国内外的"天下第一滩"北海银滩；"千岛点缀"的北海星岛湖、火山观景岛北海"涠洲岛"，有"南国蓬莱"之称的钦州七十二泾；"中华白海豚之乡"的钦州三娘湾，"东方夏威夷"之称的防城港金滩等多处著名的滨海景区，每年吸引大量来自国内外的游客。

三、广西滨海体育旅游品牌培植的基本思路

（一）整合资源，建立统一品牌体系

品牌从最初单一的形象符号上升到了现在的庞大、复杂的系统体系，如果单凭独立优势力显微薄，难以实现长远发展。对广西的沿海三市来说，如果采取三市单独营销和运营各自的品牌，难以形成一定的体系和规模，不仅在人力、物力、财力上需要更大的投入，在一定程度上也会造成资源的浪费，而同一区域内的同质品牌可能会造成更恶性化的竞争，不利于利益的获取和共同的发展。因此，建立钦北防三市的滨海体育旅游统一品牌，整合区域内的优势资源和要素，共同树立以共赢为核心的品牌建设观念，共同出资将品牌进行统一策划和运营，科学合理进行品牌的开发，将整体优势资源升华为整体品牌优势，共同为区域滨海体育旅游和经济发展贡献力量。

（二）注重品牌的准确定位及长远规划

在体育旅游发展的初期，品牌的定位和规划意识显得尤为的重要，定位切勿过高或过低，过高难以达到则挫伤行业的信心，过低，则不能有效地促进行业的发展。定位前要充分地做好市场调研，确保做到品牌定位的准确性、科学性、可实现性。根据品牌定位着手于品牌长远的发展规划，规划首先要消除狭隘错误的地方主义发展观，加强区域间的联合开发合作，做到优势互补，走大联合、大发展、集约化的规模经营，避免毫无特色的重复建设。各部门（政府、旅游部门、体育部门等）要共同协调合作，从地方的政策制定、准入门槛、资金扶持、环境保护、景区分布，景区主题、区域发展重点等层面进行细致的研究，全面地考虑到整个行业发展的整体性、前瞻性、合理性、可操作性、可持续性，并按照规划分期、分批的进行开发。

（三）品牌影响下的优质产品的支撑

目前景区的很多体育项目类别比较单一，一般只作为滨海观光游的附属产品或者作为一种最原始的消费延伸。参与滨海体育旅游的消费者往往与经济收入、年龄结构、兴趣爱好和健康水平有着一定的关系，需求呈现多元化的现象，为了满足游客的情感需求，开发优质的产品是品牌得以发展的驱动力。

1.滨海体育民俗产品开发

俗语有云：民族的才是世界的。突显地方的民俗风情，展示地方文化底蕴，是当今旅游的发展趋势。自然与文化被视为人类共同的遗产，它涉及人们对高质量生活的理解。产品的核心价值应该更多地体现在它的特色上，无特色和无创新的产品虽然在短时间内有可能获得较好的效益，但是从长远来看，维持效益的增长不太可能，因此创新与特色就显得尤为的重要，结合地方特色的民族风情和人文资源，充分的挖掘钦州国际海豚节、三娘湾观潮节、北海疍家文化习俗、东兴京族风情、地方渔民风情、滨海边关风情等主题，有效

地将地方的人文内涵融入滨海体育旅游的产品中，创造出适合自己地方特色的滨海体育旅游产品，为三市滨海体育旅游品牌烙上地方标签。

2. 滨海体育休闲产品开发

休闲产品的开发能够适合各种消费阶层的需求。品牌下的休闲体育产品开发应该围绕岸滩（包括小岛和礁石）、海面、海底、空中四维空间形成全方位的滨海体育旅游休闲项目体系。滩面主要以沙滩高尔夫、海滩暴走、沙滩时尚球类、沙滩马术、滨海拓展运动等项目为主；海底以潜水主题进行项目开发，据统计，体验潜水的爱好者正以每年30%以上的速度激增，可见潜水其未来市场的广阔；海面则开设帆船俱乐部、摩托艇俱乐部、游艇俱乐部等，同时结合礁、岛等资源进行海钓的开发；而空中也尝试性地开展海上滑翔等更富有刺激性和挑战性的项目。全方位的休闲项目体系使游客拥有更多的选择权，更具参与性，对品牌影响力的强化起到一定的作用。

3. 滨海体育赛事产品开发

积极组织和申办各种与滨海体育相关的赛事，如沙滩排球、沙滩足球等赛事，活跃滨海体育氛围，增强人们滨海运动体验。赛事不能仅仅局限于大规模和专业性，小规模和业余参与也非常的重要。通过比赛，使更多的人来到广西沿海享受滨海美景和感受滨海体育的魅力。同时，积极引进国内外具有一定影响力的体育赛事，这不仅能提高广西滨海地区在国内和国际上的知名度，展示城市的风采，促进本地群众体育和旅游业的发展，更为滨海体育旅游的品牌创造更为优良的发展平台。2012防城港国际海上龙舟赛和2013钦州亚洲国际城市水上摩托比赛等国际赛事的举行就为滨海体育和旅游地的知名度扩散增色不少。

（四）品牌下的服务水平的提升

优美的滨海景观和具有吸引力的体育项目是体育旅游品牌的重要组成元素，而全方位、人性化的服务是长期吸引游客光临的重要前提条件。在服务上下功夫，不断地对服务进行升级，是品牌成败的奠基石。随着游客的逐年增加，滨海景区的设施得到了进一步的增强，但是在一定的程度上还未能满足旅客的需要，每年"五一""十一"假期，钦北防都会成为比较热门的旅游景点，而车辆指定停放区不足、住宿一宿难求、餐馆承载力不足、商贩哄抬价格、景区医务室设备简陋、公共休息区缺乏、个别旅行社服务质量低下等问题屡屡出现。因此，不仅要不断地完善交通线路、停车条件、住宿条件、餐饮条件、购物条件、景区安全等设施条件，同时还要通过设定服务评级体系，规范和提升服务质量，将服务等级进行社会的公开化，提供游客进行选择。

（五）品牌下专业人才的培养和一线员工的培训

任何行业的发展都离不开优秀人才的注入，专业性人才是滨海体育旅游实施品牌化的重要保障。目前从事体育旅游的相关专业的人才较少，缺乏相应的知识和技能，对滨海体育旅游的发展起到了制约作用。据调查，目前设有体育旅游专业或方向的院校主要有南京体育学院、天津体育学院、成都体育学院、浙江师范大学、郑州大学体育学院、我国环境管理干部学院、四川师范大学等少数的院校。建议对更多院校的旅游专业和体育专业进行课程的优化和升级，培养出既懂得旅游又懂得体育的复合型、实用型人才，为体育旅游的开发、运营、管理、宣传、运动技术指导提供专业的人才保障。同时，由于一线的服务人员一部分是由景区周围的村民或者渔民转化而来，存在普遍素质不高，服务意识差等现象，因此，对现有从业人员进行各项岗位技能的标准化和规范化的培训，增强从业人员的服务意识。

（六）加强品牌的宣传力度

滨海体育旅游作为一个新兴的行业，要想普遍被大家接受和认同需要一定的时间，需要较长时间持续的宣传。据香港旅游协会公布的数据显示，香港每增加一美元的旅游宣传投入，就可创造123美元的旅游收入，投入与产出比高达1：123。市场的培植需要通过宣传来实现，目前对于体育旅游的宣传投资也非常的有限，为了改变"养在深闺人未识"的局面，应该借助北部湾发展的有利契机，通过网络、电视、报纸、杂志等媒体媒介加强对广西滨海体育旅游的宣传，让更多的人了解和认识滨海体育的乐趣，为推动广西滨海体育旅游业发展寻求更为广泛的品牌认同，将潜在游客吸引到广西滨海城市，体验我们的滨海体育旅游，从而形成更为广泛的口碑连锁宣传效应。

（七）品牌下的环境保护

世界旅游组织通过的《可持续旅游的发展宪章》《可持续旅游发展行动计划》都充分印证了环境与旅游发展的重要关系，品牌要想持续地发挥其应有的效应，对环境的保护就不可忽视。联合国提出的威胁人类的十大环境祸患中，海洋污染就名列其中。工业污水、城镇生活污水、旅游垃圾等都对近岸海域生态环境造成了极大的危害。来自陆源的污染占整个海岸污染的80%以上。西班牙和英国沿海的污水和垃圾污染对环境的破坏就曾经给它们的滨海旅游带来了极大的打击，前车之鉴，必须协调好开发与保护的关系，提高民众的环保意识，正确处理眼前利益和长远发展的关系，加强生态建设，建立环境评价指标监管体系，充分地考虑生态环境的承载能力，只有保持优质的环境才是品牌长期维系的必要保障。

（八）品牌下旅游线路的优化

滨海体育旅游路线是滨海体育旅游产品的重要组成部分，是产品整体展现的途径和方式，是效益扩大化的一种外在的形式。全面审视和开发滨海体育旅游，根据景点的配置、客流分析、经济效益、游客停留的时间、游客的喜好习惯等对现有的观光旅游线路进行完善，开发出适合本地域性的滨海体育线路。实施体育与观光相结合、散客与组团相结合、新线路与旧线路相结合，做到滨海体育路线的最优化。同时，协同区内的非同质旅游产品共同开发合作线路，比如与桂林的山水游、百色的红色革命游、巴马的长寿游等共同合作，联手打造多站式的非同质性的旅游产品，推动滨海体育线路跨区域的延伸，实现产品的共赢和效益的最大化。

滨海体育旅游是滨海经济发展的新思路和新途径，是现代人们多元化休闲健康生活方式的体现，是体育经济和旅游经济重要的增长点。品牌的创建，是产品成功的必经之路，广西滨海体育旅游品牌的培植对广西沿海旅游具有重要的意义，然而任何旅游品牌的创建都不是一朝一夕的事情，都要经历一个漫长的发展过程，它需要各方面的力量齐心共创和相互协作。

第四节　广东省滨海体育旅游产业核心竞争力

滨海体育旅游产业是 21 世纪最具活力的"朝阳产业"，具有很大的发展潜力和上升空间。运用文献资料分析法、调查访问法和逻辑分析法，分析了广东省滨海体育旅游产业核心竞争力研究的必要性，全面探讨了广东省滨海体育旅游产业核心竞争力发展面临的挑战，指出了提升广东省滨海体育旅游产业核心竞争力的战略原则、目标及重点，并提出了提升广东省滨海体育旅游产业核心竞争力的战略措施。

一、广东省滨海体育旅游产业核心竞争力研究的必要性

（一）广东省滨海体育旅游产业面临蓬勃发展的竞争环境

随着人们对海洋认识的不断深化以及西方"返璞归真，回归自然"口号的提出，全球范围内出现了前所未有的滨海体育旅游热，以大海 (Sea)、阳光 (Sun)、沙滩 (Sand) 组合的"3S"传统滨海体育旅游蓬勃发展。近年来，生态旅游备受追捧，游客环境意识日渐增加，滨海体育旅游热点也从传统"3S"拓展到"3N"——即到大自然 (Nature) 中去回忆曾经与自然和谐相处的怀旧 (Nostalgia) 情结，使自己在融入自然中进入"天堂 (Nirvana)"，产生"天人合一"的最高精神境界。这种转变标志着人类滨海体育旅游从身体享乐为主的旅游追求转变为以身体和精神追求相结合的旅游新时代。

进入 20 世纪 90 年代，我国的滨海体育旅游产业蓬勃兴起。北起丹东，南至防城，在 18 000 多千米的黄金海岸及星罗棋布的大小岛屿上，滨海体育旅游开发浪潮叠起。沿海各地及海岛都把滨海体育旅游业作为经济发展的先导产业来抓，积极筹措资金，大力开发滨海体育旅游资源。除了保留原有的"观海景、戏海水、尝海鲜、买海货"等传统旅游项目外，许多地方还着力推出冲浪、帆板、水橇、游钓、海上快艇、高空跳伞、海滩球类、伞翼滑翔等一批富有特色、新奇刺激、参与性强的现代滨海休闲体育游乐项目，使游人能够尽情地享滨海体育旅游带来的无穷乐趣。据统计资料表明，沿海地区及海岛近年来接待的游客人次以每年 20%～30% 的速度递增。

广东省有丰富的滨海体育旅游资源，为人们开展滨海体育和健身活动提供了充足的身体活动场所、项目和物质环境。广东省滨海体育旅游产业的产生和发展有赖于滨海体育旅

游资源，滨海体育旅游资源的效益高低与否，首先取决于滨海体育旅游资源的丰富与否，取决于滨海体育旅游资源开发价值的大小。

根据《我国海洋21世纪议程》中提出的海洋开发战略目标，为保证海洋资源的可持续开发利用，为适应海洋旅游娱乐业迅速发展的要求，一切适宜于海洋娱乐的岸线、海滩、浴场和水域都要预留下来，保证旅游娱乐事业的需要。以上可说明，广东省滨海体育旅游产业的发展正逢其时，正是开发的大好时机。

（二）核心竞争力研究对增强广东省滨海体育旅游产业的竞争优势至关重要

核心竞争力理论最早由美国战略管理学家普拉哈拉德与哈默1990年在《哈佛商业评论》上发表的"公司核心竞争力"一文中提出，并把核心竞争力 (Corecompetence) 定义为"组织中的积累性学识，特别是关心如何协调不同的生产技能和有机组合多样技术流派的学识"。竞争是市场经济的基本法则，核心竞争力理论是企业发展战略从多元化到归核化转变的必然结果和重要标志，具有价值优越性、资源集中性、文化异质性、整体完整性和模仿高成本性等特性。

特色是滨海体育旅游产业的生命力，特色的形成源于滨海体育旅游产业的核心竞争力。所谓滨海体育旅游产业的核心竞争力，就是某一滨海体育旅游目的地内部诸要素的整合，使一项或多项业务达到竞争领域一流水平、具有明显竞争优势的能力。某一滨海体育旅游目的地要保持竞争优势，关键就是要在滨海体育旅游发展中的某些"战略环节"上保持核心竞争优势，以形成和巩固这独一无二的参与市场竞争的能力。因此，广东省滨海体育旅游产业规划布局的研究重点就是要对滨海旅游产业核心竞争力面临的挑战进行评估，规划提升广东省滨海体育旅游产业核心竞争力的战略原则、目标及重点；指出提升广东省滨海体育旅游产业核心竞争力的战略措施。

对广东省滨海体育旅游产业核心竞争力的全面研究，能进一步增强广东省滨海体育旅游产业的核心竞争优势，对持续健康地发展广东省滨海体育旅游产业，促进沿海地区经济发展，提高沿海人民生活质量，带动沿海社会文化全面发展等方面有着十分重要的实际价值和理论意义。

二、广东省滨海体育旅游产业核心竞争力发展面临的挑战

（一）条块分割，缺少统一规划

目前广东省内许多地方滨海体育旅游产业开发处于圈地自建、部门所有、自成体系的状态，只顾局部利益，忽视全局利益，使滨海体育旅游资源得不到统一利用和保护，造成滨海体育旅游资源人为的破坏和浪费。

（二）滨海体育旅游资源开发利用程度低

广东省滨海体育旅游开发主要限于对海水、阳光和沙滩的利用，缺乏相应配套的陆域

和水上娱乐活动；在空间布局上仅限于对近岸水域和沙滩的利用，对海岛开发的力度不够，造成旅游方式单一、活动内容单调。

（三）宾馆饭店档次比例不合理

近几年中，广东省滨海体育旅游宾馆饭店的发展速度飞快，存在不顾旅游客源的增长情况盲目扩建的状况，其档次比例也不尽合理。由于对国内外旅游市场缺乏详细分析和对旅游客源的消费能力缺乏实际调研，在宾馆饭店建设中片面追求高档次，以致形成"高中低"倒金字塔结构，使滨海体育旅游宾馆饭店出现"供过于求"与"供不应求"同时并存的不合理现象。

（四）配套设施发展缓慢

近几年来偏重于建造宾馆、饭店，忽略了与滨海体育旅游产业有关的商业、娱乐业、服务业等方面的配套发展。就滨海体育旅游商品来说，也存在着种类少、质量差、缺乏滨海体育旅游地方特色等问题。

（五）交通不方便

在广东省滨海体育旅游产业发展中，尽管交通有了一定的发展，但远远落后于滨海体育旅游的需求。每逢旅游旺季，有些地方交通运载能力明显不足，经常出现游客出不去、进不来的现象。

（六）缺少特色品牌和高素质的经营管理人才

由于广东省滨海体育旅游产品单一，以观光游览型为主，因而不能有效地满足各个年龄段、各种消费层次人群的需要。如适合青少年口味的，富于挑战、惊险刺激、参与感极强的滨海体育旅游产品就比较少。目前，不仅是众多的发达国家，一些发展我国家，随着国民收入的不断升高，法定带薪休假时间的增长，旅游者人数也日渐增多。如何结合世界和国内旅游市场的特点，开发出更多、更好、更加符合广东省滨海体育旅游市场需求和民族特色的旅游产品，是打造好广东省滨海体育旅游特色品牌的关键。另外，由于广东省体育产业部门缺乏高素质的从事滨海体育旅游经营管理的专门人才，也造成滨海体育旅游产业经营方式陈旧、经营内容单一、营销理念落后、创新意识薄弱等不良局面。

三、提升广东省滨海体育旅游产业核心竞争力的战略原则、目标及重点

（一）战略原则

提升广东省滨海体育旅游产业核心竞争力，应遵循以下原则：①应遵循以市场为导向、统筹规划、分期开发的原则；②应遵循协调一致、综合开发的原则；③应遵循经济效益、

社会效益与生态效益统一的原则；④应遵循深入开发、挖掘具有民族特色的滨海体育旅游资源的原则；⑤应遵循重点发展国内、本地游客市场，再积极开辟国际游客市场的原则。

（二）战略目标

提升广东省滨海体育旅游产业核心竞争力的战略目标是：合理开发和科学保护滨海体育旅游资源，加强重点滨海体育旅游区的建设，争取用15年左右时间，使广东省各类滨海体育旅游景点基本上开发出来，使滨海体育旅游景点的交通、通信等基础设施和服务实现现代化，在绵长的海岸线和众多海岛上建成一批布局合理、功能齐全、设施配套、技术先进的海滨浴场、海上休闲体育娱乐场、滨海度假休闲养生游乐区，使滨海体育旅游带成为广东省对外开放的门户和创汇基地，使滨海体育旅游业在产业规模、接待水平、创汇能力等方面跻身于国内外滨海体育旅游业发达地区的行列。

（三）战略重点

提升广东省滨海体育旅游产业核心竞争力的战略重点应充分使用尚未完全开发利用的旅游资源，围绕"岛、滩、钓"三个方面大做文章，重点开发几个新颖的、有影响的、时尚的休闲体育旅游项目。

海岛休闲体育旅游开发。广东省沿海地区岛屿众多，地处热带、亚热带，海岸线漫长。海岛突兀于万顷碧波之中，风光秀丽、岛礁奇异、气候宜人，是健身游览、避暑疗养、娱乐身心的理想胜地，休闲体育游乐开发的潜力很大。要围绕海岛做好文章，充分发挥海岛优势，建立起独具特色的海岛旅游区。

海滩休闲体育旅游开发。广东省沿海地区滩涂广阔，目前尚有众多的海滩有待于进一步开发。这些海滩具有坡缓、沙细、浪平、水清等特点，而且阳光充足、空气新鲜、气候宜人，均是天然海水浴场，极富开发价值。宜结合建立度假村、度假区、海底世界，开展帆板、冲浪、潜水、游泳、赛艇等旅游项目，在广东省沿海滩涂上建立若干类似于西班牙"阳光海滩"之类的海滩娱乐城，参照意大利在8 000千米海岸线上建有6 000多个海滨浴场、500多个旅游中心的做法，在广东省沿海地区建成一个海滩休闲体育娱乐群。

游钓休闲体育旅游项目开发。在海上、岸礁、海岛进行游钓，不仅能欣赏海洋自然风光，而且可以增强滨海体育旅游的娱乐性。习惯了都市生活的人们，不再安于城市的拥挤和喧嚣，纷纷涌向海滨，走向沙滩，投身大海的怀抱，尽情地观赏海景的壮美，体会海湾的宁静，领略海浪的舒畅，感受海滩和阳光的浪漫，享受大海垂钓的无穷乐趣。开展游钓休闲体育旅游项目可带动与游钓相关的行业，如游艇制造、饵料生产、渔具制造、交通、旅游、商业、宾馆等服务行业的发展，其经济效益、生态效益、社会效益十分显著。广东省沿海地区开展游钓的基础条件十分优越，不仅滩涂广阔、岛礁林立，而且鱼、虾、蟹等适于游钓的海洋渔业资源十分丰富。可以有计划地在广东省沿海地区建立几个高水平的国内游钓中心，并辐射广东省整个沿海地区，吸引国内外垂钓游客，达到寓钓于乐、修身养性之目的。

四、提升广东省滨海体育旅游产业核心竞争力的战略措施

（一）加大滨海体育旅游产业的宣传和投入

滨海体育旅游产业是先导型创汇产业，是体育经济、海洋经济腾飞的金翅膀。在完善软硬件的前提下，要通过网络、报刊和电视等传播媒介以及举办旅游节和学校教育等多种形式，大力宣传广东省滨海体育旅游的特色和优势，改变那种养在深闺人未识的局面，让全社会对其有全面的了解和认识；同时要把滨海体育旅游产业的发展纳入未来 10 ~ 15 年国民经济发展计划，并作为一个支柱产业来抓，充分发挥其综合带动功能，更好地促进体育经济、海洋经济的发展。要增加对滨海体育旅游产业的资金投入，争取更多的国际、国内资金用于滨海体育旅游产业开发。要制定吸引资金的各种优惠政策，坚持国家、地方、部门、集体、个体和外资一起上的方针，充分调动国内外企业家参与广东省滨海体育旅游产业开发的积极性。

（二）建立多元化的滨海体育旅游产业体系

面对国内外激烈竞争的旅游市场，只有坚持一业为主、多种经营方针，逐步建立多元化、综合性的滨海体育旅游产业体系，走滨海体育旅游产业经济开发的路子，才能有效地提高滨海体育旅游产业的经济效益和抵御风险的能力。滨海体育旅游要逐步从单一的接待服务型转变为一业为主、多种经营。要强化滨海体育旅游配套设施建设，加强对滨海体育旅游商品的生产和销售的宏观指导。要充分利用滨海资源和基础条件比较好的优势，对重点滨海体育旅游区域和项目，要重点开发、重点建设。广东省沿海地区每个滨海城市都要建 2 ~ 3 个以滨海体育旅游为龙头、多元化经营为主体、服务功能齐全、经济实力雄厚、并能体现该地区独有特色的游乐企业集团，增强游乐区域的经济能力，尤其是对第三产业的辐射带动功能。

（三）加强行业管理和法制化管理

广东省各级海洋经济管理部门和旅游行政管理部门要按照统一领导、分级管理的原则，对滨海体育旅游行业进行双重管理，确保国家和地方政府发展滨海体育旅游业的方针、政策和法规的贯彻执行。要搞好滨海体育旅游产业的总体发展规划的组织实施工作，对滨海体育旅游资源开发、滨海体育旅游项目建设等，要纳入滨海体育旅游发展规划，实行宏观管理和指导。要按照强化质量意识、树立质量形象、执行质量标准、强化质量监督的要求，加强对滨海体育旅游经营和服务的检查、监督和管理。加快滨海体育旅游法规建设，依据有关法律、政策规定，研究和制定地方性滨海体育旅游法规，把滨海体育旅游产业纳入法制化的管理轨道。

（四）培养从事滨海体育旅游产业的相关管理人才

滨海体育旅游作为一种专项旅游，要想取得巨大的经济效益和社会效益，必须有更多

的专业人才参与运作和管理，为广大游客提供专业的指导；同时，帮助建立严格有序的安全保障制度，保证每位游客在滨海体育旅游中的安全。这样，就需要大量的从事滨海体育旅游产业的开发、各种经营管理、休闲体育娱乐项目技术指导和安全保障的专业人才。而我国各大专院校在滨海体育旅游的相关专业的设置和培养上还不能跟上社会发展的步伐。如何加大对滨海体育旅游专业人才的培养，完善滨海体育旅游专业人才的培养体系是当务之急。

（五）加强区域间的联合开发合作

滨海体育旅游产业的发展观念要创新，坚持走持续科学发展之路。这迫切需要决策人员破除"惟产值论"，要以人为本，稳步而有规律地发展沿海地区的滨海体育旅游产业。在管理体制上，要努力克服条块分割，各自为政的现象。由于滨海体育旅游产业的关联性强，其涉及的部门和产业非常广泛。它已经不是一项单一的产业，因此，需要各级政府部门尤其是主管部门消除狭隘错误的地方主义发展观，走"大发展，大联合"的集约化规模经营。加强区域间的联合开发合作、优势互补，避免毫无特色的重复建设。只有大力提倡滨海体育旅游的集约化经营，并使其观念持久化，将各方面的人、财、物以及各种旅游要素更有效地科学组织起来，这样，滨海体育旅游产业才有生命力和竞争力。

（六）提高滨海体育旅游产业发展的后续力

最近几届奥运会和亚运会筹备与成功举办的实践经验表明，奥运会和亚运会的影响是多方面的，但旅游业可能是主要的受益者，也是较长期的受益者，从举办到举办后的数年之中，一直受到国际社会的广泛关注。奥运会和亚运会向全世界所展示、介绍的不仅是体育成果，更多的是东道主的过去、现在与将来，历史、文化和民族，这非常有利于东道主城市和国家在国际社会中良好形象的确立。对于一个像我国这样的发展我国家来说，这种宣传会让全世界更直接地了解中国，让我国展现一个新的面貌、新的形象，而这种知名度和良好的面貌形象对发展旅游来说是至关重要的。这一切为开发广东省沿海地区适销对路的滨海体育旅游新产品，使目前传统的滨海体育旅游产品得到优化，增强广东省沿海地区滨海体育旅游产品的总体吸引力和发展的后续力，创造了千载难逢的好机会。

第五节　广西滨海休闲体育旅游带初探

国家旅游局、体育总局于 2016 年底共同发布了《关于大力发展体育旅游的指导意见》，意见指出：2020 年，在全国建成 100 个影响力体育旅游目的地，100 家国家级体育旅游示范基地，打造 100 条体育旅游精品线路，体育旅游总人数达到 10 亿人次，占旅游总人数 15%，体育旅游总消费规模突破 1 万亿元，为体育旅游发展提供了逻辑指向。而伴随近些年来休闲生活方式的倡导，作为体育旅游分支的休闲体育旅游也逐渐进入人们视野，获得人们青睐。

在此背景下，立足自身资源条件进行休闲体育旅游的探索如火如荼地开展。广西作为西部唯一拥有滨海资源的省份，虽资源禀赋，但在"自身沉淀"不足与"外部竞争"紧逼的裹挟下，转型成为新历史时期下滨海旅游须臾正视的问题。我国海洋旅游长期处于海洋经济贡献率前列，其收入也占到全国旅游收入的 1/4 以上，真实折射出滨海旅游的巨大发展潜力。鉴于此，以滨海休闲体育旅游为切入口，以"带状"思维积极探索广西沿海区域联姻发展模式，对推进滨海旅游的可持续发展，践行滨海旅游转型与升级具有积极意义。

一、滨海休闲体育旅游带内涵解读

滨海休闲体育旅游是基于滨海地区开展的集休闲、娱乐为一体的体育专项旅游活动，而休闲体育运动为旅游活动提供重要内容。滨海休闲体育旅游作为体育旅游的下位概念，是以滨海空间作为承载容器，将休闲体育元素合理纳入滨海旅游，并综合滨海资源的依赖性、休闲体育的参与性、滨海旅游的发展性等多重构面，是突破传统滨海观光游发展惯性的一种新型交融式产业形态，是时代发展诉求下滨海旅游发展的新阐释。

而滨海休闲体育旅游带是基于滨海休闲体育旅游构建的一种发展形态，强调区域物理空间联结基础上的协同发展。在国外，"旅游带"相关提法并不多，但隐射着"旅游带"思维的旅游区域合作性研究并不少见，主要依托模型、数据等进行区域旅游合作影响因素、运行效率、互动发展、效益评估等方面的量化研究。在国内，伴随旅游发展的持续兴盛，旅游模式也由单一走向多元，传统单一景点或景区独立发展已不合时宜，取而代之的是旅游带、旅游圈等集群化模式，联合发展思维在旅游开发中的地位越加凸显，也引起了业内共鸣。

广西滨海地区包括钦州、北海、防城港三市（简称钦北防），由于地缘空间的粘连性、滨海资源相似性、交通枢纽的贯通性等客观存在给相互间带来了一定的竞争压力，但也提供了合作发展的基础与优势。鉴以此，广西滨海休闲体育旅游带以共赢为发展准则，围绕三市沿海空间串并构成"带状"区域进行联动开发，降低开发成本，形成资源共享与互补，提升资源的合理配置，并实现旅游目的地客源间的相互导流，不断地激发整体竞争力和活力。

二、广西滨海休闲体育旅游带构建内驱动力

（一）政策引导的应答

政策指向为滨海休闲体育旅游的发展提供延展逻辑。国家宏观层面，《国民旅游休闲纲要 (2013—2020 年)》(2013 年 2 月)《国务院关于促进旅游业改革发展的若干意见》(2014

年 8 月)《关于推进体育旅游融合发展的合作协议》(2016 年 5 月)《关于加快发展健身休闲产业的指导意见》(2016 年 10 月)《关于大力发展体育旅游的指导意见》(2016 年 12 月)《实施旅游休闲重大工程的通知》(2016 年 12 月)等文件的落地,以顶层设计之力构建了休闲、体育、旅游面向的时代走向,拓展了我国"现代旅游强国"建设目标下的发展版图。广西地方视角,《广西壮族自治区旅游业发展"十三五"规划》《关于加快旅游业跨越发展的决定》等文件中倡导通过多元路径寻绎旅游经济建设新的突破点和增长点,实现广西旅游产业的转型、优化、升级。无论是国家顶层设计还是地方发展需求,均为滨海休闲体育旅游带的构建提供了难得的历史机遇,政策"借势"将使滨海休闲体育旅游带发展更加畅通。

(二)产业升级的诉求

在内外竞争性压力下,旅游的精品化、效益化、协作化发展诉求驱动着多文化元素的融入,与体育、农业、亲子、养生、蜜月等主题联姻发展层出不穷,使旅游构筑了多面向的发展视域,这也成为一种潮流与趋势。适者生存的发展铁律也时刻警醒旅游产业不可固守传统独立发展思维,注入异质基因阐释全新产业形态成为新时代产业化发展的应然选择。除了旅游产业以外,以传统制造业为支撑的传统体育产业也在社会演进与更迭中逐渐向观赏性、体验性为主导新型服务性体育产业转化。滨海休闲体育旅游紧随旅游产业与体育产业的发展主流,将休闲、体育、旅游元素进行互构,摆脱单一产业发展的劣势和瓶颈,以全新形态诠释不同产业发展优势,以产业竞争力提升延续产业生命力。

与此同时,产业结构的转型与优化作为国家产业发展的主要目标之一,是顺应市场需求的真切表达。广西区域滨海休闲体育旅游带的构建是通过不同产业耦合寻求滨海旅游业理性发展点的市场性行为,是通过结构调整实现滨海旅游朝着更高层次迈进的重要方式,也是产业不断实现社会与经济效益纵深与横拓的现实表征。

三、滨海休闲体育旅游带发展取向

(一)提升意识,凝结共识

对游客而言,滨海休闲体育旅游作为一种新型产业业态,在国内发展起步较晚,加上大众耳濡目染下对传统旅游的固化认知,对滨海休闲体育旅游有一定的陌生度,由此产生的号召力缺位也使得旅游市场与游客参与度并不旺盛;对政府、企业而言,过往体育旅游成功范本与本土条件存有差异,大量财力、人力、物力投入进行本土化长期实践探索在所难免,成效也并非一蹴而就,缺乏清晰、长期的社会和经济效益认知。由此可见,提升消费主体和开发主体意识,凝结发展共识,毋庸置疑成为滨海休闲体育旅游带建设的重要前提和必要条件。一方面,可通过各类媒体平台进行滨海休闲体育旅游宣传推介,如利用省市旅游局网站,南国早报、广西日报等官媒,途牛、携程等大型旅游门户网站进行宣传。另一方面也可通过政府的谏言平台、学术研讨会、旅游推介会、旅游企业交流会等进行推介，多视角度提升大众对滨海休闲体育旅游健体、养生、休闲等价值与功能的认知，进一步凝结开发重要性和必要性共识，积极推进广西滨海休闲体育旅游带建设。

（二）三市联动，统一运行

钦北防三市政府以信任、共赢为基础，建立联动的协作开发机制，保障理念、运行的一致性。主要包括以下内容：①在合理考量经济与社会效益下，以先进发展理论与经验为先导，共同致力于滨海休闲体育旅游带的长远规划，整体性关注旅游社区的和谐性、生态环境的保护性、空间利用的有效性、自然风貌的匹配性等多维需求；②联合三市体育、旅游、文化、宣传等职能部门，加强引导、协调、监督滨海休闲体育旅游带建设，实现定位开发的一体化、宣传推介一体化、资源共享一体化、收益共享的一体化，通过优势叠加与劣势弥合优化资源配置；③构筑三市官方、官民混合、民间等层次和视角的合作开发机制，形成科学对话与分享，在保障各自发展权益的同时，通过遵循共同发展框架建立滨海休闲体育旅游市场的良性发展秩序；④共建科学、完善、高效的联席会议制度，避免权力交错造成"多头"推诿性的办事低效，积极推进制度与政策的联合供给，确保开发形成统一共识与合力。

（三）高优产品，提升品质

旅游产品是滨海休闲体育旅游带开发的核心组成，是竞争性与市场性的真实验视，能否形成高优的产品体系是滨海休闲体育旅游带成功与否的关键。建议：①借鉴先进旅游产品开发经验，尊重资源的现有存量与发展增量，建立资源的论证、优选及重点开发机制，改变传统空间使用惯性，将滩涂、海面、空中、海底进行模块化分区，建立不同板块化产品；②根据旅游淡旺季、冬夏冷暖季、"黄金周"等时间差异，结合不同消费层的需求性设计差异化产品系列，迎合市场需要；③形成大众、高端、特色、主题等休闲产品系列，大众产品关注海泳、海钓、潜水等大众性需求，高端产品则着眼于游艇、帆船等高端项目的衍生，特色产品聚焦渔民文化、蛋家文化等为切入点的本土文化融合；主题产品侧重于"亲子性""爱情蜜月"等主题内容的产品延伸。通过不同产品体系的创建提升市场竞争力。

（四）均衡受益，实现共赢

均衡受益主要包括两个方面：一是三市投建过程中的均衡受益，二是不同配套产业间的均衡受益。就前者而言，为了避免三市间的无序与恶性竞争，开发过程中必须破除地方保护主义短视，共同研讨与制订不同层次的开发目标、开发内容、开发形式，推动滨海休闲体育旅游带朝效益化、大众化、集约化方向转化，并正视各自在建设中的贡献率，制订科学合理的投资与分配制度，使各自投资获得应有的收益，并通过合理化的收益激励再投资，形成发展的良性循环。而对于后者，清晰认识旅游发展是一个系统工程，涉及的产业链较长，包括衣、食、住、行、娱、购等方方面面，行业间的衔接度和关联度很高，因此在滨海休闲体育旅游带建设中需建立不同行业之间投资主体畅通的沟通渠道，实现不同产业投资主体利益的合理化，使配套产业积极服务滨海休闲体育旅游带建设，避免重复投资造成的资源浪费。

（五）共筑品牌，联合营销

品牌凝结顾客情感投入，形成亲密与依赖度，是一种超越经济层面的力量，品牌营销在产业发展中的作用不言而喻。滨海休闲体育旅游具备多重优势，不应成为小众旅游方式，而应建立品牌认同，以联合营销方式推进滨海休闲体育旅游认知，扩大潜在客户群体。建议：①以品牌理念为牵引，不断推进品牌形象、品牌计划、品牌内容、品牌服务的生成，以品牌影响力不断激发滨海休闲体育旅游带的发展活力；②摒弃三市营销观念差异，通过沟通对话建立共识性的联合营销战略，通过微信公众号、专题网站等全新传媒手段和报纸、广播、电视等传统媒介进行智慧、通俗、广泛的宣传，提升广西滨海休闲体育旅游带认知度，减少个体宣传营销的成本支出，提升新型产业化影响力，促进品牌效应的生成与延续；③跨界实现更为广域的品牌营销，如将滨海休闲体育旅游带与桂林山水游、百色红色游、巴马养生游等已具有一定影响力的旅游线路串线营销，不仅形成客源相互导入，更能通过原有品牌的"借势"提升自身品牌影响力。

（六）推陈出新，创新发展

创新是引领发展的第一动力，是建设现代化经济体系的战略支撑。滨海休闲体育旅游应该以市场需求为导向，以创新姿态在发展大流中找寻到发展方向，提升自我核心竞争力。建议：①破除传统资源开发论，以创新发展审视滨海休闲体育旅游带开发，以理念创新、服务创新、制度创新、管理创新、产品创新、内容创新等推动产业转型与升级，实现资源重构与高效利用，加速滨海休闲体育旅游带跨越式发展；②加大新科技、新技术在滨海休闲体育旅游带建设中的导入，利用互联网+、VR（虚拟现实）、云计算、物联网、人工智能等拓展滨海休闲体育旅游带的生存与发展空间；③通过人才加速创新生成。加强招纳贤士力度，利用广西引凤入槽制度将有能力、有远见、有经验的人才引入，并加强与全国、全区高校合作，共同培育懂体育、会旅游、通管理、悉经济的需求性人才，以人才提供智力保障，以人才加速创新。

第六章 乡村振兴下乡村体育旅游发展

第一节 乡村振兴战略与乡村体育旅游

乡村振兴战略是习近平同志在党的十九大报告中提出的战略，是我国"三农"发展进程中的重大决策部署。乡村振兴的重点是产业兴旺，《国家乡村振兴战略规划（2018—2022年）》提出，"培育农业农村新产业新业态，打造农村产业融合发展新载体新模式，推动要素跨界配置和产业有机融合"。《规划》提出农村要在发展生产的基础上培育新产业、新业态和完善产业体系。体育旅游是体育与旅游产业融合的新业态，也是国家近年来大力推进的行业。随着大众对体育、旅游的多样化消费需求日益增长，国家对乡村旅游业的大力扶持，乡村体育旅游逐渐成为农村经济发展的新产业，对助力乡村全面振兴具有十分重要的意义。

一、乡村振兴战略背景下乡村体育旅游的时代使命

乡村体育旅游是以乡村自然资源和人文资源为依托，融合体育、旅游、农业所形成的一种全新的产业形态。乡村体育旅游通过特色体育赛事、休闲体育活动、户外运动项目开展等体育活动形式来吸引运动参与者感知乡村文化，带动农村相关产业发展。国务院在《关于促进乡村产业振兴的指导意见》中部署要求，农业农村部将聚焦乡村休闲旅游业、新型服务业等，推进农村一二三产业融合发展构建乡村产业体系。在旅游业的背景下，体育的社会功能和经济价值不断放大，加快乡村体育旅游的发展是适应新时代的要求。体育旅游业对拓展农村经济发展空间、推动农村产业链的协同发展有着重要的意义。

（一）体育旅游实现农村经济的聚集效益

生活富裕是乡村振兴的总目标，生活富裕不仅是经济的富裕，更是生活的美满。体育旅游带动乡村泛旅游消费聚集，实现农村经济的聚集效益当前，国家大力推动发展旅游、文化、体育、健康、养老等"幸福产业"，体育与旅游都是有助于实现人民美好生活需要的"幸福产业"，其根本的交集在于民生领域。2018年全国乡村旅游接待游客30亿人次、乡村休闲旅游营业收入超过8000亿元。以湖南株洲龙门镇花冲村为例，首届全国友好城市滑翔伞邀请赛上，观摩人数达到数千人。花冲村围绕航空飞行营地，引导村民发展农家

乐、家庭客栈等，充分带动花冲村相关产业的发展。从本质上来说，乡村体育旅游是乡村提供资源，体育旅游提供服务，随着农业和体育旅游业的相互延伸融合，农村的服务业得到发展，也促进农产品的生产销售，带动农民增收致富，同时体育休闲运动的开展也提高了农民幸福感。

（二）体育旅游实现农村精准扶贫目标

旅游扶贫是我国十大精准扶贫之一，其核心目标是针对不同贫困乡村地区的旅游开发条件和贫困人口的具体情况，对扶贫过程进行精准管理，以实现扶贫对象全面精准脱贫的目标。体育旅游是以乡村特色资源为基础，定位准确，有利于打造旅游品牌。以安徽石台县为例，石台县是皖南片唯一一个国家级贫困县，该县通过实施户外运动精品景区提升计划，2019年全年接待登山戏水游客48万人次，综合收入3.24亿元，举办石台牯牛降登山越野赛、绿色池州文化行走等赛事活动4场，参赛人数1200人，直接带动参与人数达1万余人，拉动消费168万元。以乡村特色资源带动体育旅游，培育特色体育品牌，可以使体育旅游将成为乡村精准扶贫的重要载体。

（三）体育旅游健全乡村治理体系

推进国家治理体系和治理能力现代化是我国全面深化改革的总目标。治理有效是乡村善治的核心，也是乡村振兴战略实施效果的检验。现代乡村社会治理体制包含政府负责、社会协同、公众参与和法治保障等多方面。体育旅游尤其是以体育赛事为主体的公众活动不同于普通的旅游活动，在体育赛事的组织保障、后勤保障、医疗保障以及公共服务保障等工作上对乡村的治理体系提出了全方位的挑战。体育赛事的开展不仅需要乡村政府、各行政部门的协同管理能力，还包括农户利益与集体利益的协调能力。因此，体育旅游在乡村自治、法治和德治建设中发挥促进作用。

二、乡村振兴战略背景下乡村体育旅游面临的现实困境

在国务院印发的《体育强国建设纲要》的指导下，近年来乡村健身休闲产业得到大力发展。但我们也应该看到，在深入实施乡村振兴战略、建设新时代美丽乡村中，"农业＋体育＋旅游"的产业模式尚属于新生事物，乡村体育旅游需要以市场化的经营、服务和管理方式才能可持续性发展，而长期以来，我国农村在社会环境、基础设施、公共服务发展相对滞后，乡村体育旅游在运营环境、人力资源、市场服务等多方面仍面临着现实困境。

（一）农村经济合作组织制度有待完善

农村经济合作组织是推动农村经济社会发展的重要主体。农村经济合作组织在组织劳动生产、农产品销售发挥着重要的组织和管理作用。随着各产业在农村经济中的融合，农业产业化经营水平的提高，对农村经济合作组织的功能也提出了更高的要求，但现阶段我国农村经济合作组织在制度基础、内部控制以及法人治理结构等方面仍存在不足。

　　首先,农村经济合作组织制度保障不完善。制度保障是农村经济合作组织运作的基础,国家已颁布的《农民专业合作社法》是对我国农村合作组织的健康的发展有着重要的意义。该法规对农村合作组织的经营、服务和管理行为进行了适当规范,然而由于不同地区农村发展差异性较大,《农民专业合作社法》缺乏相关的配套办法或操作规则,地方性立法不完善,使得该部法规在各地农村中实践中执行力度不够。

　　其次,自《农民专业合作社法》颁布以来,我国农村专业合作组织发展迅速,但大部分合作组织规模小,内部管理较为松散、权责关系不清,导致政策规章制度无法落实,缺少相应监督机制,不仅影响了合作组织内部建设和管理,还影响了农村合作组织的顺畅运行,造成服务能力不足等问题。此外,由于农村青壮年劳动力大量外流和老龄化问题日益凸显,部分合作社缺乏强力的带动力,农户连接程度差,乡村农户之间很难形成有规模的经济优势,呈现出农村合作社经营活力不够,低水平同质化竞争的格局,从而制约乡村产业链的延伸。

(二)政府对体育旅游缺乏全面认识

　　由于体育旅游属于旅游的新兴业态,地方政府对体育旅游的认识并不充分,尤其是体育旅游资源开发重视不够。体育旅游资源是乡村体育旅游发展的根本。体育旅游资源包括自然资源和体育资源两个方面。自然资源是指自然环境资源,例如山地、岩壁、水面等资源,自然资源是体育旅游发挥的基础;体育资源是指体育活动、赛事资源,体育资源是体育旅游开展的根本。体育资源的开发本身就存在较高的行业壁垒,例如体育IP资源,包括赛事的开发权、运营权。体育IP的建立需要大量的时间积累和金钱投入,有价值的体育IP才能吸引更多的参赛选手或者户外运动的爱好者。乡村体育旅游资源的开发不仅仅是修绿道、建运动场地设施,而是需要联合体育项目供应商打通体育资源渠道,融合体育资源与当地旅游资源,进而转化为旅游经济,促进农业产业链延伸,实现农村产业兴旺。

(三)体育旅游产业发展与乡村生态环境保护矛盾突出

　　我国乡村旅游产业经历了采摘、农家乐、休闲度假和美丽乡村建设四个阶段,旅游业的发展带来了农村经济效益的提升,但同时也让乡村面临着资源枯竭的风险。由于地方政府目光短浅,追求短期利益,造成自然环境过度开发;另外,农村居民环保意识不强,环保部门监管不严,这些都在开发旅游产品的同时给农村生态环境造成了破坏。体育旅游对农村优质的自然资源依赖程度高,对于部分户外运动项目,例如攀岩、水上项目、自行车等,这些项目的发展必须对山体、岩壁、水面等自然资源进行一定程度的开发。如何解决体育旅游与乡村生态环境环境保护间的矛盾不仅影响到乡村体育旅游产业的可持续发展,更将影响到乡村生态宜居战略目标的实现。

三、乡村振兴战略背景下乡村体育旅游的优化升级

（一）搭建乡村精品体育旅游平台，提升融合程度

促进农村一二三产业融合发展，是农村产业兴旺的有效途径，也是建设农村经济体系的基础。建立以旅游为核心，体育为平台，把体育旅游打造称集聚农村资源的最佳平台。通过这个平台，可以把农村的需求和资源、农村的生态和产业等资源集聚起来，融入全域旅游的理念，实现资源和产业的融合。以体育旅游平台延伸出来健身休闲、农产品销售、餐饮、住宿等产业链，带动乡村泛旅游消费聚集，从而推动农村经济的整体发展。在举办体育赛事、开展休闲体育活动的过程中，乡村的自然资源、农居资源、农产品资源、农耕资源都聚集起来为参赛者或旅游者提供乡村休闲服务，实现体育与乡村旅游的深度融合。

打造精品的体育旅游平台要以产业化运营的理念核心，坚持培育特色体育旅游品牌的理念，依托乡村自然资源和文化资源，积极开发不同类型的运动健身旅游产品。要因地制宜，从各地区的经济发展水平、资源优势、文化特点等条件出发挖掘乡村特色体育旅游产品。少数民族地区通过推出民族传统体育运动资源，将其打造成为产业化项目。例如，云南省少数民族体育竞技活动具有特色浓郁的特征，例如西双版纳傣族赛龙舟、香格里拉市藏族赛马会、石林县彝族摔跤等，通过特色的体育活动激发当地的基础建设，提高游客承载量，带动当地的旅游特色产品、农业产品等消费，以文化为主题，体育为传播，旅游为体验，通过体育旅游平台实现乡村文化、体育、旅游的融合，发挥农村经济的牵引带动作用，推动农村产业链的联动发展。

（二）培育新型体育旅游经营主体，推进高质量发展

据农业农村部统计，截至 2019 年 7 月，全国合作社登记 220.7 万家，从事服务业仅占比 7.7%，其中 7300 多家从事休闲农业和乡村旅游经营服务，从事服务业的新型农业经营主体发育迟缓。尽管以服务业为主的新型农业经营主体培育缓慢，但体育旅游创新较为活跃，改变了以农业为基本依托的融合路径，而以体育赛事或体育活动为途径带动农村产业发展。

第一，规范和引导新型合作社多元化发展，推进新型合作社的规范化建设，提高经营管理水平。支持家庭农户鼓励其利用空房等闲置资源发展乡村体育旅游，提高合作社专业化的组织程度和经营管理水平。同时，为转型中的农村合作社提供政策优惠和财政补贴。第二，培育体育旅游经营实体。拓展城市体育资本和生产要素进入乡村，强化乡村体育旅游产业发展的要素支撑。要充分利用有实力的体育公司在资金、人才、管理、技术等方面的优势，通过对其项目管理、开发、人才培训等方面的支持，引导其与乡村劳动力、农民合作社等主体相互合作。第三，鼓励社会资本投入。体育赛事和专业性较强的户外类运动项目开展，需要以商业化经营的方式才能实现可持续的发展。地方政府应扶持有专业背景

的体育社会资本参与乡村体育旅游的融合，参与投资运营体育赛事，建设户外运动基地，并健全社会资本下乡的服务体系，完善社会资本在产业融合过程中的行为规范。

（三）强化乡村规划引领，建立体育旅游长效发展机制

乡村振兴战略是在夯实精准扶贫既有成果基础上，实现乡村治理现代化的整体性发展目标，是一项长期且复杂的过程，因此，必须要求长效的体育旅游规划用以支撑。长效的规划要以乡村振兴战略思想为指导，从地方乡村经济发展和生态环境保护的全局出发，将"体育旅游＋农业"作为重要抓手，制订当地体育旅游发展的总规划，改善融资环境，以特色体育赛事、户外休闲运动、民族体育运动为途径带动乡村旅游和乡村农业相关产业链的发展方向。加大乡村基础设施建设，积极与专业的体育企业合作，共同制订相应的专项发展规划、户外运动基地建设方案和专业人才培养计划。

体育旅游的长效发展既源自地方政策、体育旅游企业的外生动力，也源自乡村农民致富需求的内生动力。推进乡村体育旅游融合发展的最终落脚点是富裕农民，因此需要建立紧密的利益联结机制，以保障乡村居民的利益，让乡村农民参与并分享乡村体育旅游产业振兴的收益。首先，强化新型农村合作社、体育运营公司和旅游公司的社会责任。鼓励参与体育旅游产业的工商企业为农民提供技术和技能培训，提高管理水平，优先聘用符合要求的农民参与相应的管理和服务，充分保障农民利益。其次，建立新型农村合作社、体育旅游公司与农民利益联合机制。引导体育企业或农村经营主体与农户签订体育旅游住宿、餐饮服务等服务协议和户外运动项目场地经营协议，降低农民经营和管理风险。再次，针对无劳动能力、无服务能力的贫困户，通过土地流转或土地经营权入股户外运动基地项目的模式，获得分红收益。

生态宜居是乡村振兴的基本保证，也是乡村体育旅游可以持续发展的基础。地方政府要在保护乡村生态系统、乡村风貌和自然环境的前提下，制订体育旅游的发展规划。在相关体育旅游项目开发的同时，强化项目环评和规划环评的联动机制，提高乡村环境保护和治理水平。

（四）推进城乡一体化，拓展体育旅游发展空间

体育旅游不同于传统旅游，其消费者主要集中在一二线城市的活力人群，具有年轻化、知识化的特征，这部分人群对公共服务的需求较高。尽管我国城乡面貌发生了很大变化，但典型的二元结构依然存在，要想吸引城市消费者前往乡村消费，就必须要加快乡村社会、环境的发展，加快城乡系统的融合。推进城乡一体化的关键点在城乡公共服务的均等化，包括乡村卫生医疗、基础设施、社会治理等多服务，只有乡村社会服务保障体系健全，才能实现城市人才、资金向乡村流动，乡村体育赛事、体育活动才能有序开展。

城乡一体化将促进乡村体育旅游资源的整合。城市体育旅游在大型赛事的影响下已逐渐成为城市旅游的新名片，在资本资源、人力资源、信息资源以及技术资源上配置也较为成熟。通过推进城乡一体化进程，可以将城市优质资源导入乡村，从而优化乡村体育旅游

资源配置，产生整体的聚合能动效应，提高各项资源的关联度；另一方面，乡村体育旅游在产业发展中也可以在经济、基础设施、思想文化以及医疗等方面不断缩小城乡差距，进而促进城乡一体化的建设。

随着乡村振兴战略计划的实施，乡村体育旅游产业的发展面临更高的要求和发展机遇。针对当前乡村体育旅游产业的发展困境，应该科学规划与布局，通过体育旅游产业的优化升级，充分发挥对乡村农产品、健康休闲、特色旅游产品等产业链的带动作用，优化农村产业结构，让体育旅游更好地助力乡村振兴。

第二节　乡村振兴与国外乡村体育旅游发展

乡村旅游的发展亟待高质量的旅游形态作为支撑，体育旅游在推动乡村发展上具有较强的驱动力。以 2009 年来的国外体育旅游文献为样本，对国外乡村体育旅游的模式、内容和趋势进行梳理。结果显示，乡村体育旅游的概念尚未在国际上得到共识，其发展机理是自由生长和自发组织的；研究内容集中于乡村运动旅游消费市场、乡村体育运动旅游社区的构建、乡村体育赛事及文化附着力、乡村体育旅游的人地互动、生态可持续与减贫效应研究五大方面。结论：国内乡村体育旅游发展需要多元化的社会协作、组织建设；弱化地方政府强势供给的力量，遵循乡村资源的主观意愿；积极开展生态型运动项目，实现人、自然与运动项目的三维可持续发展。

国际上的体育旅游研究始于 20 世纪 60 年代末，经过近 40 余年的探索，已经形成了较为完整的模式。国内研究起步相对较晚，其体育旅游的实践也始于探索。2017 年中央一号文件提出了乡村振兴战略，乡村的产业转型、文化塑造等工作逐渐提上议程，我国"美丽乡村""城乡一体化"等重要建设内容纷纷表明乡村旅游对本土的经济、文化具有较强的塑造力。国际乡村旅游起步较早，在资源利用、产业形态及乡风文化等方面具有相对较早的经验优势，并且在生态体育、低碳生活等方面具有引领作用。通过文献资料对国外乡村体育旅游的经验进行总结，进而将有益的途径借鉴到我国乡村体育旅游发展的实践中，进一步提高乡村旅游供给的质量；也将农村全民健身、户外运动产业、体育文化传播等内容进行有效整合，破除现有的乡村体育旅游发展散点化、单向化等矛盾。其经验总结有助于消除城乡体育二元非均衡发展的态势，充分激发体育旅游的流动性。

一、乡村体育旅游的兴起与发展

19 世纪 60 年代末，人们开始关注因为运动参与而实现的空间移动，这使得体育旅游具有了真正的定义，一些大型的体育集会、赛事活动逐渐受到广泛关注。1994 年世界经合组织与欧盟将发生在乡村的体育活动归类于乡村旅游，随后的学者提出了农业旅游、观光旅游等形式，但在乡村范围内的体育旅游研究依然较少。众所周知，乡村旅游研究源于农业集会、贫困困境、生存策略和第二居所等重点问题。其中，乡村的农事体育、运动居所、区域拓展与生活改善使得体育旅游得以发展。旅游中的体育活动作为绿色、研学、观光等旅游的组成部分，虽然没有形成独立的分支或学派，但是体育与他们之间的联系不断加强。此外，乡村体育旅游研究的另一理论来源是地理学系统，乡村旅游具有极强的特殊性，它与运动体验之间的关系是其他旅游无法比拟的。特定的运动参与环境具有不可替代性，如滑翔伞、漂流、溯溪等，而这些地理资源往往远离市区，使得人们在休闲游憩的途中能获得不同的体验感和流动性。与不断加快的城市化进程相比，乡村的发展显得相对滞后。中央一号文件对实施乡村振兴制订了战略部署，乡村作为城镇人民生活的非惯常环境，给人带来安逸、闲适、幽静的体验。在拉动消费、增强体验、刺激流动及重复参与等方面具备特殊功能。研究表明，通过参与体育运动逃离喧嚣、放飞自我是去往乡村旅游的主要动机。在我国，村落体育、乡村赛事、乡村体育公共服务与体育扶贫等问题一直受到体育学界的关注，但如何将这些体育特有的功能与旅游结合起来，目前还没有特定的模式或方法。本节以国外乡村体育旅游研究为依据，为后续我国整合乡村体育旅游资源提供参考。

（一）国际上乡村体育旅游的内涵与特征

乡村体育旅游的内涵源于休闲观，乡村为体育旅游者提供了宽松舒适的环境，为他们的身体带来放松、心灵带来洗涤。Stebbins 认为，依附于村落环境的锻炼活动创造了幸福感和人生意义的个体化，人们去往村庄中探险、谈论文化、同化自我并开启运动生涯，便是回归村落的旅游方式。在休闲观念的影响下，乡村体育旅游的概念尚未得到统一。但体育活动开展的范围始终限制在 countryside（郊野）与 rural（农业的、乡村的），随着乡村体育节庆、中小型赛事及游憩活动范围的集中化，人们逐渐开始关注村落（village）体育旅游，这使得乡村体育旅游的研究层次更加微观，但并没有改变乡村体育和旅游的直接联系。从供给区域的主体角度看，乡村体育旅游是依托于非城市区域的体育可用资源，如森林、溪流、高峰、草原等，以村落体育社区为中心地，开展运动经营、户外游憩、休闲健身、体育会演的新兴旅游经营性活动。相对的，世界旅游组织（WTO）在 1997 年界定，旅游者在乡村（或在与偏远地区的村落之间进行往来过程中）参与或观赏体育运动项目，以实现学习、体验和适应乡村锻炼环境及生活方式的目标。传统的体育旅游具有参与性、观赏性和怀旧性，而乡村地域具有"中心性"与"延展性"，其与城市体育旅游的"圈层性"相似，但乡村体育旅游更加凸显了旅游主体与地方主体的属性差异。

（二）国际乡村体育旅游的研究描绘

乡村体育旅游的研究被大部分乡村旅游研究所覆盖，根据语义检索了"rural sport/sports tourism ; sport tourism 和 countryside/country area ; sport village tourism"，Sport Village 与 Rural Sport 是核心研究对象。因为乡村体育旅游的国际概念不曾有所共识，检索对应语义获取文献 374 篇，检索库 WOS 数据库基本囊括了国际核心与一般刊物、会议及社论等。结果显示，在摘要中同时出现 rural、sport、tourism 词义的文献有 228 篇，分别以运动项目为主题的研究较多，综述型研究较少。文献分别刊登于 120 本期刊，引用最高的文献发表于《可持续研究》（SUSTAINABILITY）、《旅游经济研究》（TOURISM ECONOMICS）和《国际当代酒店管理杂志》（INTE RNATIONAL JOURNAL OF CONTEMPORARY HOSPITALITY MANAGEMENT），排名前五位的体育关键词分别是"Hungting；Recreation；Events；Fishing；Mountain sport"。研究总体被引量从 2009 年起一直处于上升状态，2019 年达到峰值（659 次），2020 年关注度略微下降。研究范式以解释范式为主，研究方法多采用定性分析法，现象观察法与基础描述统计法相结合的方法，约 67% 的文献采用了简单统计、定性描述的方法，除乡村运动消费市场、运动旅游社区两类研究采用了成熟量表结合回归分析（多为简单回归）以外，多数研究的目的在于归纳、构建定性模型。通过对具体问题的梳理，发现研究内容集中于五大方面，即乡村运动消费市场、乡村体育运动旅游社区的构建、乡村体育赛事文化附着力、乡村体育旅游中的人地（居民）互动、乡村绿色（生态）体育可持续发展与减贫效应。

二、国际乡村体育旅游研究的主要内容

（一）乡村运动消费市场

乡村运动消费市场的形成主要依靠小农场主和家庭小商户的自发性组织。在实现经济目标过程中，乡村的运动消费市场呈现出多元化的态势。20 世纪 90 年代末，运动经营为萧条的生活提供了一种新的营生方式，增加农户收入、转移劳动力和获取额外补贴是经营者与当地管理者的主要想法。人们开始征集促进旅行者流动的办法，在克罗地亚戈尔斯基·科塔的郊野，小型体育社区活动对农村自发组织形成体育旅游行为有着强劲的杠杆作用。小型家庭性质的农场主逐渐发现了打猎、探洞和钓鱼中的商业价值，尤其在器械支持、经验解释方面为外来人员提供了较大便利，共同的运动探索逐渐演化为一种商业行为。由于个体对运动需求的差异，因此体育旅游市场细分的主要依据是运动习惯，消费者主要有长期参与型、适当观赏型、短期体验型三种。其中，长期参与型消费者是少数有良好运动习惯的体育旅游者，他们具备较高的身体素质和专业技能，在钓鱼、狩猎、浆果与蘑菇采摘等运动中实现自由追求，甚至将其作为自己的运动职业生涯，一些家庭因为运动的需要购置了第二居所，常驻于特定乡村；观赏型消费者注重对乡村文化的理解，参与体育运动并不是他们的主要目标，其主要消费特征是边缘化、传统化支出比例较高（如餐饮、住宿等）；短期体验型消费者是乡村体育旅游的潜在力量，多数人根据自己的运动能力及偏好，选择了距离合适、生活方便的乡村参与体验，便捷、快速和兴趣是主要动机，这部分人群占据较大的市场份额。场所的经营主体往往不在意乡村文化、生活风貌对运动市场细分的影响，而是关注参与群体的运动行为、情绪和游客信息来源。因此，在乡村运动消费的群体中分层明显、流动性强，消费者受运动参与特征影响较大。

（二）乡村体育运动旅游社区的构建

运动服务、赛事举办等体育活动为社区提供了志愿服务、媒体参与等众多机会，2002年以后，固定区域的社区发展与体育运动间的关系成为热点话题。大型赛事与城市旅游社区的互动研究已经维持了近30年，随着小型体育活动的数量、规模不断丰富，乡村小型社区的运营方式得到不断完善。与城市旅游社区所关心的问题一样，体育赛事助力乡村发展是不变的主题，在乡村特定的环境中所面临的情况是：①乡村体育赛事与当地社区的互动点位发生于哪些关键环节（如在赛事筹备中与社区决策的冲突等）？②开展体育旅游活动在当地会导致哪些经济结果（为社区增加就业等）？③乡村社区通过体育旅游积累了哪些社会资本（导致运动、消费观念的改变等）？④创造一种长期性的运动旅游社区需要具备的条件及发展方式。有学者发现，在解决这些问题时，需要形成对特定区域中生活方式、文化习惯和接受程度的理解。经验表明，每周定时参与俱乐部比赛的运动员和外来人群在乡村社区中形成了长期、固定、持续和频繁的互动，这为开展某种特定的运动项目提供了社会网络、权利关系和资本注入的机会。积极有效的锻炼环境为落后的乡村社会注入了信任感，以体育活动为载体去评价乡村社区中的集体信任感成为一项有意义的研究。不仅如此，体育运动加固了居民、企业、公众和私人商户的关系，运动协会、俱乐部、艺术团体及文化慈善机构开始关注体育运动在落后乡村中的社会凝聚力、互信、合作与开放的程度，体育事件的反复性和网络性价值得到了开发，逐渐成为乡村社区与外界实现价值交换的重要途径。然而，在活动规模不断扩张时，混乱、拥挤及多个社区沟通障碍等负面影响受到不少社会舆论的抨击，社区活动的全面规划、实施细则及决策执行等方面亟待改善。体育企业社区参与（CCI）管理的模式一度成为扩大运动社区规模的方法，其强调社区参与决策、公开透明的筹办流程和企业社会责任，活动的支持来源于大量的本土知识资本及供应商。如流动性较强的运动项目（如自行车、徒步、垂钓、漂流等）需要穿梭于乡村异地，强制管理显然不是构建运动社区的最佳选择。多项评估表明，乡村运动社区的构建以自发性为中心，建立协会、俱乐部与社区的互惠渠道，在社区参与型决策基础上，尽可能通过自由设计、协商与监督予以实现。将有益主体间的资本、信息进行有效桥接成为社区网络形成的关键，无论运动项目牵涉到何种组织，有效沟通的互惠关系必须得到建立。运动旅游社区涉及的组织比单纯的旅游社区更烦琐，各类关系的黏性更强。

（三）乡村体育赛事旅游及其文化附着力

乡村体育赛事曾被认为是乡村体育旅游的缘起形式，此类研究代表了赛事对乡村经济、文化影响的特征。Getz首次在"赛事旅游：含义、评价与进展"一文中归纳了体育赛事旅游在事件旅游中的地位，体育赛事在旅游史中大致发挥了转变公民观念、提升经济附加值、教化育人和地理探索的功能。如今，乡村旅游借助体育和旅游者主动参与运动会或户外项目是乡村体育旅游的两大形式。其中，赛事拉动经济、促进就业和间接传播价值仍是学者关注的重点，Castaneda认为体育赛事为伊朗马赞达兰的贫困乡村创造了大量的就业，赛事旅游更能迅速提升旅游营收的效率。政府的举动也充分证明其巨大的经济潜力，越来越多的竞标国为了实现振兴乡村的目标，将大型体育赛事活动与乡村发展战略紧密结合，南非的乡村社区期望并相信国际足联可以为他们带来不一样的生活收益。对克罗地亚乡村小型冬季运动会的调查表明，不断通过组织谈判、资本注入的方式可以将 Chalip 提出的赛事杠杆框架的力量发挥到最大，提升乡村赛事流动交付、社会组织和流程执行的质量及效率。另外，赛事的中心地理性显示出较强的辐射效应，举办地周边贫困乡村的服务供给能够促进新兴劳动力发生转移，发挥人口红利作用，展现出投资新自由主义的精神。当然，体育赛事不管是作为乡村旅游的构成元素还是支撑项目，显现出来的经济作用并不足以支撑整个乡村的发展，这就使得关注收益的多数研究都是基于微观经济的范畴（事件杠杆模型与计量经济模型），实证基本围绕家庭收入、个人意愿等，最终导致赛事对整个乡村经济发展的作用微乎其微。

随后，不少学者开始将注意力转移到赛事特征上，其季节性、重复性和不可预测性使得乡村赛事逐渐成为一种文化点缀，展示了乡村风貌和乡风形象。到马来西亚观看民俗体育节的 6 000 名游客表现出了民族间的差异，人们受到异国风情的影响，在个体认同方面不断寻求与赛事活动相接近的价值观，高质量的赛事水平也提升了马来西亚本土乡村人的参与感与心理福利。另一类型是体育跨文化交流带来的黏性，在芬兰—俄罗斯对口乡村试点协议中，由芬兰主导引进的运动娱乐场、拳击场培训课程及附属文化活动激活了俄罗斯聂宁格勒州乡村的手工艺传统变革与教育创新，实现了知识转移，丰富了乡村生活。当然，体育运动开展的规模过大也会对当地生活产生潜移默化的影响，体育赛事中的商业符号、运动群体价值观等对民俗传统产生了较大冲击，观赛人流过于密集导致偷盗、抢劫等行为的发生，甚至出现由于意见分歧导致的打架斗殴事件，不少村民在人身安全、隐私保护等方面产生了顾虑。运动员、球迷和观赏氛围所构成的文化场景瞬息万变，没有单纯的优劣评价，这为乡村生活注入了别样的风情，体育与乡村传统文化融合时，两面性特征尤其显现。

（四）乡村体育旅游中的人地（居民）互动

由于体育活动在乡村中的开展具有比普通旅游更高的"流动性"和"具身性"，因此其体验感极强。旅游主体与地方形成的关系逐渐成为各项活动最为关注的领域，其覆盖了动机、居民感受和主动参与三个方面。在南非，内陆渔业资源从未考虑过因为钓鱼活动而产生的影响，调查显示，参与垂钓旅游的人们有 99% 是当地人，均居住于 10km 左右的区域，其出游垂钓主要是为了满足自身的生活需要，近四成的垂钓者为了休闲娱乐，这类旅游者基本上都将捕获的鱼放生。运动的主要目的是寻求娱乐、增加见闻或者回归自然，尤其是去往乡村体验不同的体育传统，可以填补现代生活的知识盲区，增进社会交往。在智利，多数户外运动全部在乡村开展，马甲拉尼地区利用农场狩猎、荒野旅游和极限挑战等创新活动，综合了越野跑、攀岩、跳伞等运动，在国内建立了巨大的比较优势，强化了地方对游客的吸引力。

居民在被作为参与主体及研究对象时的感受截然不同。主动参与型农户通常在指导、陪同游客时能接触到较为先进的运动装备及知识技能，提高了对于乡村体育活动的认知，最终获得较强的自我认同感，但也有少数居民认为乡村体育活动影响了他们的生活。如伊斯坦布尔的 Polonez 村庄的狩猎运动形成了独特文化，村庄中划分了历史观景区、野餐区和狩猎区，三大区域均遵守当地"自然保护区"的法则。几十年来，村庄并没有因狩猎运动的开展影响村民的真实生活，但在未来发展中，有村民担忧过度发展会打破宁静。村落文化发生细微变化以及人们对未来的担忧表明体育活动目前尚未造成较为严重的生态破坏，但在国际上已引起注意，其地方修正案正处于激烈讨论状态。

（五）乡村体育旅游的生态可持续与减贫效应

在乡村发达程度较高的国家，开展体育运动的条件通常比较苛刻，需要对实际绿色资源进行勘察，甚至需要建立较为长期的生态监测系统，并详细对比开展运动前、后的生态影响。在运动项目产业已经较为成熟的乡村中，周期性和重复性显示较高的消费黏性，此时，气候变化、土壤监测、水质变化逐渐成为焦点，白水运动的开展需要尽量维持自然河道的水文规律，利用商业竞争的手段淘汰生态观较差的运营公司成为保护生态多样性的第一道屏障。为解决狩猎运动导致的物种不平衡矛盾，有乡村政府采用了养殖低成本的蹄类动物和食肉动物作为替代，通过在国家公园中建立野生动物保护区域，使畜牧、狩猎和野生繁殖得到较好的延续。发达国家对乡村环境的关注基本都在预先阶段，防护策略的控制在运动项目开展的事前阶段就得到了协商及安排，体现在划分运动区域、标识系统建造和人员保障方面，这使得滑雪、狩猎、攀岩等与环境密切相关的运动在普及前就得到了各方认可，当地政府也无须担心积雪减少、地表破坏和岩石开采等问题的发生。红十字会、野生动物保护会、环境保护协会及公益爱心组织十分关注体育运动过程中发生的生态维护，不少团体在海滩、雨林等区域定期举行环保宣传活动。地方筹集、预先管理和居民参与使得乡村体育活动得到了健康发展。

此外，国外不少乡村已经将体育运动作为减贫的重要策略，非洲联盟制订了内陆垂钓业的减贫计划，以垂钓运动在农村的开展成就垂钓运动与渔业的快速融合，以运动项目撬动渔业成长，满足贫困人口的基本需求并尝试带动落后乡村的销售与物流。不少参与体育活动的农户在生计水平上得到了改善，体育活动为贫困乡村的交通通信、设施改造带去了公共福利，增加了就业机会并提升了居民获得感，同时也增加了贫困家庭生活的多元性。运动空间的扩大改变了贫困农户与城市沟通不畅的刻板印象，使得城镇与乡村之间的文化间隙得以缩小。国际社会普遍认同的是，体育运动在改善人的精神贫困方面具有极为重要的作用，特别是在自我实现、社会化和价值观改善方面，这种教化功能区别于普通旅游，对坚韧、和蔼等人格品质具有较好的塑造功能。国际研究提供了很多先进的生态治理及评价的方法，预先管理和实时评价在运动项目开展时十分重要；乡村体育旅游对脱贫的效果更多地体现在精神减贫上，丰富了居民生活、加强了城乡对话。

三、国际乡村体育旅游研究对我国本土乡村的实践启示

乡村体育旅游虽然在理论、方法上并未形成独特的范式，但是围绕乡村区域的体育旅游研究较为丰富，尤其是以某种运动项目或中小型体育赛事为典范的研究备受关注。乡村体育旅游起源于某种运动所需的自然资源，并且遵循人们自发组织、相互学习及农户参与的规律，通过不断组织和引进不同级别的乡村赛事，扩大其举办规模并接纳该运动的文化要义，使之渐渐成为乡村社区中必不可少的活动并得以传承，这便使得乡村运动社区在20世纪末逐渐得以形成。乡村居民、参与者和管理者逐渐在乡村资源的置换中受到关注，因为他们的主动参与程度、沟通程度与执行效率直接决定了某项运动是否可以得到长远的发展，乡村体育旅游行为导致的生态可持续及减贫效果也成为当今国际重点关注的领域。居民对待体育的态度多采用因子、聚类等定量方法，资源评价多采用地理学定量方法，其余研究多为定性研究，在现象转化为规律的过程中，还有待达成共识。多数描述性研究仍对我国乡村发展体育旅游有着重要启示。

（一）匹配乡村实况，加速乡村运动项目产业化进程

乡村运动消费市场的形成是以某项运动及对应人群的特征为基础的，源于供给同类"运动项目"产品及服务的经营性主体，某种运动项目的诞生、成长甚至消失都伴随着特定的经济形象，倚重某种乡村资源的户外项目通常可以创造较为可观的收入及就业岗位。尽管体育类经营性主体的业务范围很少涉及乡村，但这对于非完全竞争市场的开拓有着无限的潜力，乡村越野跑、泥泞跑、徒手攀岩等娱乐性极强的项目在推动企业竞争方面有着重要作用。以漂流运动为例，涉及河道施工、器械运输、安全培训、医疗救援、洗浴康复和媒介赞助等非旅游常规行业，再加上赛事报名、漂流随同等附加值较高的服务，这便使得漂流运动项目所需的上游企业及下游服务内容截然不同。中心地理论认为，点轴式分布的某种业态有利于凸显其在城市中的价值，同样，体育用品制造、竞赛表演、休闲娱乐服务及运动培训等形式的经营性主体散布于不同乡村可以迅速推动某个中心区域的项目产业发展，在区位上、福利上提供消费平台，促进乡村运动消费市场的形成。结合乡村自然、人文资源的属性，积极推广与之相匹配的运动项目，利用冰雪、跑步、户外和探险等项目吸引成熟企业，构建运动项目创业平台，嫁接城乡体育产品链、服务链、创新链和价值链。要充分发挥乡村地产、文化、教育和传媒等业态的功能，积极探索参与度较高的运动项目关联产业，给予企业政策鼓励，推动装备生产、工艺创新、健康服务等新资本的参与介入，不断地实现劳动力转移以及项目产业拉动服务业升级。

（二）积极打造乡村运动社区，达成文化共识

乡村运动社区在国外被定义为以运动文化为核心的村落生活共同体，但在国内的实践中尚未形成这样的环境。乡村运动社区的建设需要乡村政府、社会组织和商业团体的通力合作以及大量非政府（非营利目的）组织参与其中，如环保委员会、学校志愿团等。在主

体关系协调上，乡村运动社区通常遵循"自发性"特征，即社团自主参与的文化形态，不少基于运动行为的调查发现，自发性组织的活动比机构引导的活动更具有生命力，运动精英在社区中具备领导力。乡村社区活动可以培养当地人对体育的兴趣，创造居民与运动参与者之间的交流机会。基于此，我国乡村应当在组织层面树立积极、健康的科学运动观，如建立乡村乒乓球室、乡村健身房等，成立多个乡村公用的运动中心，定期组织户外活动并传播体育文化；加强城市与乡村间的体育来往，尤其是团体性、群众性体育活动，通过城乡居民大联赛、民俗运动观摩等节事活动吸引游客。树立运动创造价值、增加收入的理念，激发居民引领游客外出的意愿，促进本土锻炼氛围的形成。由于我国乡村体育的管理尚未上升到制度、立法层面，再加上其在精神塑造、行为动向和物质文化方面有着较大的滞后性，而缩短人际交往距离、消除差序格局是体育文化的功能。因此要尽量在乡村发展中树立"运动有益"的文化认同，积极改善生活区域的集体意愿，不断加深运动团体、普通游客与居民的接触机会，搭建乡村健康指导、体质改善服务平台，使得参与运动的个体化特征逐渐向社会的统一认识转变。

（三）打造乡村小型品牌赛事，丰富体育研学活动

我国乡村赛事的关注程度远不如城市赛事，在小型赛事尚未形成规模和品牌之前，基于乡村运动社区的赛事体系有待搭建。一方面，统一乡村小型赛事的执行标准，控制赛事对乡村经济、文化和环境造成的影响，使得赛事在引进条件、收益衡量方面有所倚重；积极融合乡村民俗活动与赛事，形成具有"乡风特色"的体育旅游节事活动，嫁接乡村人文资源；另一方面，引进适合乡村禀赋的成熟赛事，打造与城市大型赛事配套的小型赛事，利用成熟赛事的影响力，提升乡村赛事的知名度。最后，做好乡村赛事的评估工作，总结和反馈每届赛事的经济影响及社会价值，为尝试开展其他运动盛会积累经验。搭建体育、旅游、研学相结合的活动，发挥"运动树人"的功能，积极建设乡村体育旅游研学基地，为外来及本地青少年提供运动培训、体育教学及文化思辨的健体型场所，树立"身心一统"的运动研学观念。

（四）关注体育旅游可持续，注重体育减贫效果

不合理的体育旅游行为对环境的破坏是灾难性的，如强制改变山体结构等。参与运动的重复性会对乡村自然、人文环境造成不可修复的创伤。在国外，发展某项运动前的资源评价十分严格，需论证开展该运动项目不会带来大面积的生态破坏，如雪场地表监测、水质监测等。同时，国外在体育设施改造方面具有较为先进的经验，应杜绝在山区、水域附近建造大面积硬化型体育场所。将乡村附近的废旧小型工厂改造为运动中心和联系点，为国家公园中的游客带来了极大便利，同时也为骑行、徒步和漂流等"流动性"较强的项目提供了休息补给场所。积极打造村落附近的运动中心对保障游客安全、实现绿色旅游有着重要意义。

在经济可持续方面，经营者应尽量发挥体育的多重功能，注重参与型运动与乡村风貌

的结合，改善乡村运动环境，结合农事种植、特色培训等行业满足农户生计的需要，提升运动经营服务的附加值。另外，建设乡村体育社交网络，以运动商业为中心，不断拓展运动交流、沟通创造的空间，引进创新型运动项目（如航模探险、小铁人三项等），为周边城市的持续消费提供新机会。值得注意的是，体育减贫的效果集中于社会资本的积累，与普通增收的减贫方式区别较大。乡村运动会、户外拓展和身体培训所需的劳动力要素极为复杂，体育旅游专业人才、运动志愿团、主办社区管委会等机构纷纷参与，较长的筹备期为当地居民提供了灵活的就业空间，有助于快速促进劳动力转移。政府应当积极鼓励贫困居民参与体育旅游经营，促进贫困居民对美好生活的向往，提升农村人口的幸福感和获得感，改善村民的身体素质（协调性、爆发力和激素水平等），不断地实现高质量减贫的人口红利。

虽然国外乡村与本土实践的参照系不同，再加上国外乡村体育旅游研究的出发点、研究对象、目标导向与我国相比具有较大的差异，但二者依托的村落资源大致相同。国外乡村体育旅游正处于"丰富形态"阶段，开展航空、水上和路上运动项目的标准较为固定，其关注的运动社区、地方互动、乡村赛事、文化附着力、可持续与减贫效应对我国乡村体育旅游实践具有较强的借鉴意义。乡村体育旅游发展应当关注新时代的消费需求，重点拓宽运动项目产业的辐射面，不断发挥运动制造、户外探险和农耕观光等行业的旁侧效应，进而实现多维可持续并助力高质量发展的旅游减贫。

第三节　体验式体育休闲旅游助力乡村振兴

在当下的乡村旅游业发展进程中，很多景点都用大自然风光、人文历史等热点来吸引旅客，收益主要依靠伴手礼、饮食、儿童项目、门票等经营方式。由于乡村旅游仍处于未规范未成熟阶段，同质化使业态竞争加剧，以往的老模式既不能合力创造最大收益，也影响了旅客的游玩观赏体验感。把乡村体验式体育休闲游玩项目加入旅游项目中，可以扩大该区域的经营业态，促成多方面合作。同时，多元化的景区有利于提升游客游玩体验感，进一步推动乡村建设向产业兴旺、体系成熟、风景宜人、收入增加的趋势发展。

一、体验式体育休闲旅游助力乡村振兴战略的积极作用

（一）有利于促进乡村产业结构的调整

乡村振兴需要以产业发展进步作为支撑，推动乡村体验式休闲游玩，促进同类型、同区域的产业深耕发展。目前，除农业产品外，其他产品发展空间受限。因此，乡村发展应当明确把农业快速发展作为支撑，形成多方面的其他产业结构，衍生更多乡村产业业态。

在农业产业基础上，可以试行农业与体育运动融合，吸引更多消费者的眼球，衍生出更多项目促进经济增长，推动乡村完善产业体系。

（二）有利于促进乡村的生活富裕

乡村振兴的目的是让人民改善生活条件，让城乡经济的差距最大程度缩小，推动构建乡村发展体系，完善村民的权益保障体系。在体验式的体育休闲游玩中解决乡村旅游资源分散、同质化严重、经济发展缓慢等问题，提供更多就业机会，促进村民整体收入提高，推动乡村面貌改变。从其他角度讲，体育项目的融入不仅能增强国民身体素质，而且有利于改善村民生活节奏，促进村民团结一心。

（三）有利于改善乡村的生态宜居状态

生态宜居是乡村整体发展的质量保障，体验式项目建设的推动可以重新规划乡村发展战略，推动可持续绿色发展，让农民享受高质量生活，还可以提升每位游客的体育休闲旅游体验。在发展体育休闲旅游的同时，不仅要关注收益变化和新项目的升级问题，也需要注重与特色农业相互融合，形成可持续发展。

（四）有利于进一步提升乡村治理水平

乡村治理的核心内容是治理有效。要把乡村体育游玩项目作为改善乡村管理方式的载体，逐渐改变村民精神生活欠缺的现状，解决体育休闲项目存在的不规范、无秩序、无组织问题，引导村民自发形成乡村自治，推动其形成凝聚力，让村民生活丰富起来，促进乡村安定。

二、推动乡村体验式体育休闲旅游发展的路径

（一）完善规划，加强基础设施建设

乡村振兴战略需要各个层面每个人共同努力，在推进过程中，应当增加每个层面的相互融合。在条件完善后，乡村体验式体育休闲的推进可以结合乡村公路游玩，改变单一的点对点的模式，继而把由原来的点状模式衍生条形或块状方式。需要放弃以行政单位为基础的规划思维。国家在规划行政区域时，把乡村之间的自然环境作为区分标准。而以自然景观为界的乡村更适合体育休闲项目的旅游建设。所以，在策划开发的过程中，一定要以不破坏可持续发展为原则，凸显当地的区域特色，切实做到开发策划考虑全面。与此同时，要统一设施建设和规范服务的监督，保障体育休闲旅游项目的发展有良好环境。

（二）合理布局项目，实现差异化发展

如今，严重同质化现象不断出现在乡村体验式旅游项目的发展过程中。许多乡村体验式旅游项目建设地区普遍采用体育旅游依附于乡村旅游的模式，虽然项目利用体育旅游的名号成功进入市场，但是其本身并没有实质性的体育项目，缺乏自身特色，某些项目甚至与城市健身锻炼雷同。因此，在市场上经营一段时间之后，就会因为后继乏力而倒闭。乡

村体验式体育休闲旅游，归根结底还是旅游项目，游客前来的目的是通过体验旅游项目来释放压力、放松身心，还可以通过体育锻炼的方式来强身健体。因此，乡村体验式体育休闲旅游应当通过科学合理的方式总结出项目的核心要素，让游客既能实现身心放松的愿望又能达到旅游的目的，从而实现长久发展。为了乡村振兴的最终目标，乡村体验式体育休闲旅游项目在规划部署时就应该加强科学调研，积极开展参与度较高的体育项目，实现固定区域内的差异化开发目标。

（三）整合资源，加强政策引导

乡村振兴战略是全面建成小康社会的系统性工程，而乡村体验式体育休闲旅游项目能够助推这一战略的实施。因为缺乏各方面的经验，更应该加强政策引导，系统整合资源，来确保这一项目的成功实施。为了促进体育旅游项目经营的体系建设和科学化、健康发展，国家已经出台相关政策，通过正确的政策实施来引导乡村旅游的健康发展。由于理想与现实的差异，在真正落实的过程中，政策引导无法直接作用于乡村体验式旅游项目建设。与此同时，相关的扶持政策也无法让经营者真正受益。

此外，乡村体验式旅游项目还存在财力资源缺乏、管理人员匮乏等问题。基层政府在管理过程中也存在无法对体验式旅游项目进行科学的政策引导的问题。为了克服乡村体验式旅游项目发展过程中的困难，使该项目真正落到实处，实现乡村振兴，政府应该在财政政策、土地资源使用、税收优惠扶持等各个环节进行政策倾斜，从而真正实现乡村振兴。第一，对于融资模式而言，应将股份制模式引入乡村振兴项目中，实行财政专项扶贫资金、其他农村专项资金、贫困县涉农资金及资产收益、社会资本、地方融资机构、村集体等多方资本股份制经营，深入推进资金绩效管理，运用多种财政经营方式，在适宜当地经济发展的模式下进行多方开发。第二，在土地管理方面，对于乡村振兴战略中的项目来说，对符合乡村土地政策标准的用地进行政策扶持，合理规划农村土地经营流转，推进土地管理的合理变革。但是我们也应当区别对待，对促进乡村振兴发展的企业给予政策帮助，对不符合的企业应当提升准入标准。此外，某些具有地区优势的体育旅游项目要根据当地特色地理环境发展，还应当对于企业进行合理的、适宜的、机动的政策调整，从而推动企业的发展，最终实现乡村振兴。第三，在税收方面，要依照国家现行的税费改革措施，结合当地实际，在建设乡村体验式旅游项目时，进行必要的所得税及其他税费优惠政策支持。

（四）加大人才培养力度

乡村体验式旅游项目能否建成取决于经营者的管理水平。对我国而言，体育旅游项目处于萌芽时期，各方面经验十分欠缺，体现在体育和旅游综合性专业知识经营人才的缺乏上。因此，乡村体验式旅游项目的落地实施，就要联合教育部门着重培养专业经营管理人才。

在乡村振兴战略实施过程中，乡村体验式旅游休闲项目应受到重视。在新时代的要求下，在城乡融合发展中振兴乡村，更应该加大对该行业的支持力度，推进行业资源的合理分布，从政策规划、人才布局等多方面入手提供支持，促进其整体协调发展，推动乡村体验式旅游休闲项目高质量发展。

第四节 振兴韶关乡村体育旅游路径探析

近年来，国家大力推进供给侧结构性改革，积极实施振兴乡村计划等社会热点，不仅推动了全国各地加快发展乡村产业，建设美丽乡村的行动步伐，也为创新乡村旅游产业与体育产业的深度融合提供了新的思路。受此影响，2015 年韶关市人民政府遵照广东省委书记胡春华考察韶关时作出产业兴韶的批示，先后颁布了《韶关市旅游产业发展规划（2015—2025 年）》和《韶关市人民政府关于加快发展大旅游的实施意见（2015 年）》等系列文件。这些政府文件的出台，为推动韶关市乡村体育旅游产业的转型升级与发展提供了政策性保障。但是，对韶关乡村体育旅游发展的困境，缺乏足够的重视。因此，以韶关市乡村体育旅游产业发展困境为研究对象，开展对策研究，无疑对深入贯彻中央振兴乡村计划精神，切实落实韶关市人民政府的产业兴韶计划，培育多元旅游业态，提高当地人民生活水平具有重要意义。

一、振兴韶乡村体育旅游产业的困境分析

对韶关市帽子峰及韶关西河周边的 500 多户村民及 100 多为村干进行乡村体育旅游产业认知的田野调查与访谈，结果发现，目前振兴韶乡村体育旅游产业面临以下困境。

（一）乡村体育旅游产业意识淡薄，概念模糊

通过随机抽样的方法，对随机抽取的韶关市城郊乡村的 500 家农户和 100 位乡村干部进行田野调查，结果发现这些基层干部和农户对乡村体育旅游发展的产业意识十分淡薄，概念十分模糊。这主要表现在四个方面：一是 85% 的被调查乡村基层干部认为搞乡村体育旅游无非就是提供一条龙式农家乐服务。诚然一些乡村在开设农家乐过程中，开设了垂钓、打麻将、玩跑胡子、泡温泉、玩棋牌、观瀑布、看鸟、骑射等体育运动项目，但是农家乐式乡村体验游忽视了乡村旅游中体育旅游核心产品的研发，未能融合当地民族民间体育，发掘出旅游的独特价值，使得乡村体育旅游缺乏活力。比如鸵鸟瑶寨和云瑶山庄，除了可以懒洋洋地坐在躺椅上观看鸵鸟、泡温泉和吃农家饭外，再也未能找到其他可供运动休闲的体育项目。二是 15% 的被调查乡村基层干部认为乡村体育旅游就是利用乡村地理位置开展诸如漂流、探险、山地户外、汽车露营、跋山涉水等体育活动这一观点无疑陷入了体育旅游等于户外运动的理论混沌。三是 65.4% 的农户对体育旅游的概念的认知持不甚了解的态度。四是对于什么是产业，什么是体育旅游产业，发展体育旅游产业与旅游产业有何区别的认知回答统计中，98.4% 以上的农村干部与村民选择了"回答不上"。农村干

部和农村村民对产业、旅游产业、体育旅游产业的概念及社会功能认知的严重不足，从更深层面上说，产业意识淡漠和概念模糊所致。因此，如何增强当地农民产业意识，明晰乡村旅游产业与体育旅游产业的概念，开发出更多满足大众身心需求的乡村体育旅游产品或项目，成为增强韶关市乡村体育旅游产业大发展的重要路径。

（二）振兴乡村体育旅游产业的保障机制供给不足

乡村体育旅游产业长效机制是政府从宏观上管理和调控体育产业与旅游产业，实现体育与旅游两大产业有效融合的重要工具。尽管《国务院关于促进旅游业改革发展的若干意见》和《国务院关于加快发展体育产业促进体育消费的若干意见》均明确指出，积极推动体育旅游，促进体育与旅游、传媒、会展等业态融合发展，加强竞赛表演、健身休闲与旅游活动的融合发展，支持和引导有条件的体育运动场所面向游客开展体育旅游服务。但是韶关市发展体育旅游产业的政策法规还十分滞后，大多散见于政府工作报告或有关旅游产业政策与发展规划的相关条目。如《韶关市旅游产业发展规划（2015—2025 年）》明确提出"全市以成为具有生态文化观光、文化创意休闲、养生休闲度假、户外运动探险、乡村休闲娱乐等于一体的融合多种业态的国家旅游产业集聚区为目标的总体性要求"。韶关市出台的旅游产业政策的具体内容虽然涉及体育旅游中的一些元素，但并没有明确提出振兴乡村体育旅游产业的总体框架，也未能对发展乡村体育旅游规划做出明确的产业定位，更未能形成保障乡村体育旅游产业发展的长效机制。因此，相对于韶关市旅游产业转型的大发展环境来说，振兴韶关乡村体育旅游产业保的障机制存在严重供给不足，影响着韶关"旅游强市"计划的实现。

（三）农耕特色的乡村体育旅游产品档次不高

对韶关乡村体育旅游资源开发情况的田野调查发现，主要体育旅游产品或项目为：登山、徒步、攀岩、探险、漂流、滑翔、狩猎、滑草、滑沙、蹦极、马术、热气球、动力伞、野外生存、定向越野、自行车骑行、自驾车游及农家乐和姚家乐等，这些乡村体育旅游产品或项目来看，主要呈现出以现代休闲体育运动或户外运动项目为主且复制性强的特征，缺失对当地农村民俗体育、民间体育或农耕体育资源的有效利用。很多带有农耕文化原始记忆的体育设施或农业生产活动设施在很大程度上沦落为一种参观性摆设。比如雪山林菀的水车、碧湖湾休闲农庄的农家手推磨等，未能得到有效开发，一度沦落为人们观光拍照的观光性工具。韶关市乳源县的民间乡村武术如吴式、孙式、杨式、朱家教等民间犁种及龙舟等民间体育项目，也未能得到有效开发与整合，形成地域特色，整体突出的主导型体育旅游产业。有限的乡村体育旅游产品或项目未能被当地政府上升到产业化的高度，进行深度整合与开发，其结果必然导致韶关市乡村体育旅游产业链始终处于松散型阶段，无法产生出高效的协同效应优势。因此，韶关市乡村体育旅游产业普遍存在着产品档次低，产业化松散的鲜明特征。

（四）体育旅游专业人才素质不高，产业经纪人稀缺

韶关市旅游从业人员培育及就业人数的数据统计结果显示：自 2010 年韶关市旅游从业人员培训基地挂牌以来，每年在韶关学院，市旅游中等职业技术学校，市教育学院等三所学校按照每校 80 名师生的计划，进行导游讲解员培育。截至 2015 年，共培养了近1000 多名导游员。但是到目前为止，还没有培育诸如体育旅游经纪人之类的专业化体育旅游产业人员，从而出现导游人员供大于求，体育旅游专业产业人才供不应求的现象，进而导致从事体育旅游的从业人员或产业工作者整体素质不高，对体育旅游产业的专业化知识把握不强，其服务质量和服务水平也较低，最终致使体育旅游游客资源的大量流失和体育旅游市场的丧失，使得体育旅游未能上升到产业化的高度，得到快速独立发展。以始建于 2009 年的依托乡村青山绿水、田园风光、民族风情、村舍民居等发展起来的韶关市鸿润生态游乐园为例，该园占地 200 亩、投资 500 万，有激光野战、飞索拓展、烧烤、垂钓、蔬果采摘、农耕活动等体育旅游服务项目。但从事该游乐园的管理者，并非体育旅游产业专业人员，也因缺失体育旅游专业人才的指导而存在着运动性体验缺少深度或体育旅游参与程度低的现状。甚至连骑马类体验性活动，也是让游客骑在马背上，然后由管理员牵着马，走几圈就下马了。尤其是一些诸如高空断桥、高空抓杠等具有挑战性现代拓展训练项目，也由于缺乏专人指导而沦落为人们观赏的景点。就连乡村体育旅游中所开展的采摘蔬果类农耕体育体验运动，也因缺失专业人员指导游客采摘蔬果的技术及指导分享采摘后的丰收性体验，因而到韶旅游的游客内心既感受不到体育旅游的刺激性情感，也体验不到农耕体育活动中的尊重感。

（五）乡村体育旅游产业链不健全

价值链、企业链、供需链和空间链，这四个维度在相互对接的均衡过程中形成了产业链，这种"对接机制"是产业链形成的内模式，作为一种客观规律，它像一只"无形之手"调控着产业链的形成的特征。乡村体育旅游开发要上升到产业化的高度就必须具备产业链基本结构的完整性、层次性和指向性特征。健全的乡村体育旅游产业链是提升外地游客来韶进行体育旅游满意度的重要保障。体育旅游产业所要求的相邻体育旅游资源的空间布局及资源共享程度、体育旅游安全保障及制度安排等硬软件设施是发展体育旅游产业的核心要素。体育旅游目的地（场所）和产业经纪人提供的体育旅游服务是体育旅游产业链的关键因素，也是发展体育旅游产业链中最为重要的一环。体育旅游产业链包括两大部分：接通性产业链和延伸性产业链。其中接通性产业链是保障体育旅游成为独立产业的基本保障，延伸性产业链是体育旅游资源和内容得以丰富的重要内核。这两者不仅需要政府予以资金上的支持，更需要政府各级职能部门予以制度上的保障和相关企业主体积极参与。同时，由于韶关市缺少体育旅游产业人才的缺失，主管体育旅游产业的行政部门定位不明等因素必然导致政府职能部门未能及时出台对乡村体育旅游产业相关企业主体利益进行保护与支持的相关措施。韶关市乡村体育旅游产业链中接通性产业链的不完整性和延伸性产业

链的不丰富性必然导致投资者在经营选址和项目开发上必然形成各自为政，空间布局混乱的现象，使得当地乡村体育旅游中的价值链、企业链、供需链和空间链等四大链条的完整对接性失去平衡，产生严重的不对称和不健全现象。

二、振兴韶关乡村体育旅游产业的路径

2015 年 11 月《韶关市旅游产业发展规划（2015—2025 年）》明确提出，2016 年至 2020 年，全市旅游项目累计总投入 600 亿元以上，这为发展韶关旅游经济提供目标定位的同时，也为振兴韶关乡村经济，发展乡村体育旅游指明了方向。针对发展韶关乡村体育旅游的现实困境，我们提出如下对策。

（一）提高产业意识，做好"互联网 +"

随着信息化社会快速发展和使用互联网人数的激增，在韶关市实施"大旅游"的战略背景下，提高乡村体育旅游的产业意识，做好做足"互联网 +"的社会网络传播效应，必然成为助推韶关乡村体育旅游产业井喷新活力的新路径。要发挥好"互联网 +"的功效，就必须从四个方面做好相应的工作。一是树立互联网 + 体育旅游的理念，敢于、善于"上网触电"，打造智慧体育旅游。二是推进"线上线下"深度融合，创新体育旅游产品、创新多元乡村体育旅游业态。三是利用"互联网 +"做好体育旅游资讯的互联、互通和互享，为游客提供信息查询、在线交易、咨询投诉等一站式的服务，以最大限度地满足游客需求服务。四是大力发展乡村网络信息产业，广泛利用互联网 + 电视 + 移动信息网络等平台，推进乡村体育旅游目的地营销系统建设，推广韶关乡村体育旅游品牌，增强乡村村民村干的"体育 + 旅游 + 互联网"的产业化意识，使乡村体育旅游知识得到普及，使营销经验得到交互与共享。

（二）抓住机遇，大力推进特色体育项目进驻乡村旅游产业集聚区

随着乡村旅游开发市场的逐渐扩大，消费者掌握了更多的信息和选择权，乡村体育旅游作为新一代旅游产业的延伸产业链，要想在日益竞争激烈的市场中获得稳定发展，就需要了解并满足消费者的需求，挖掘具有地方特色的休闲体育项目，为消费者提供满意的特色体验。韶关市乡村体育旅游经营者和管理者要牢牢抓住 2016—2020 年全市在旅游项目计划累计总投入 600 亿元以上的机遇，切实把握好韶关市打造国家旅游产业集聚园区和国家 5A 级旅游景区建设项目的契机，着实推进当地附有民族风情特色的体育项目进入在建旅游产业园和旅游景区，提升韶关乡村体育旅游服务辐射内涵。例如昆明滇池旅游度假区就设置了诸如傣族的嘎光舞、象脚鼓舞、纳西族的民间打跳、基诺族的竹竿舞及太阳鼓舞等充满民俗风情的特色体育旅游项目就是最好的例证。韶关市体育主管部门应主动与旅游管理部分通力合作，鼓励和扶持民间传统体育项目融入乡村旅游发展体系，建立样品工程，并给予设施建设与专业技术方面的服务型指导，让乡村体育旅游产业成为韶关"大旅游"的重要组成部分。

（三）赛事搭台，完善户外体育运动基地，打造乡村农耕体育品牌

体育赛事可以拉动旅游业的快速发展，促进当地经济实现新增长的功能已经成为社会共识。自2010年韶关市十届八次全会提出打造韶关户外运动基地建议以来，在市委、市政府、体育主管部门和旅游管理部门的大力推动下，韶关紧紧围绕独特的自然风光、优良的生态环境、璀璨的人文历史，通过项目建设和赛事举办，积极打造户外运动基地品牌活动，完善户外体育运动基地设施建设。自行车、健步行、登山、户外露营具有韶关特色的运动项目已经列为发展韶关体育旅游的品牌项目。韶关市先后打造了"徒步穿越丹霞山"环南水湖自行车公开赛、"丹霞绿道快乐骑行"等一系列在社会上有影响力的体育旅游休闲活动。以2014年在丹霞山举办的首届全国山地自行车邀请赛为例，赛事举办期间，共有4000多人次入住乳源参赛观赛，乳源当地各大酒店、招待所的开房率达到98%。比赛结束后，不少选手还前往天井山、南岭国家森林公园、大峡谷等风景区游览，增加了当地的旅游收入。因此，借助赛事搭台来宣传推介韶关乡村旅游，打造户外旅游全国品牌，完善户外运动基地设施，推动乡村体育旅游发展，解决乡村体育设施不足的重要举措，不仅为推动乡村体育休闲产业向规模化方向发展提供了经验，也为振兴乡村经济，促进体育旅游精准扶贫创造了有利条件。

（四）发挥政府调控职能，完善乡村体育旅游服务供给机制

乡村体育旅游产业是指为以乡村为旅游目的地，参与以体育运动为目的的旅游者以及观看体育赛事、体育建筑物及从事体育旅游文化交流活动的旅游者提供所有相关产品的经营性活动的集合体。发展乡村体育旅游产业不仅需要保障外来游客去乡村参加体育旅游的便利交通和开展体育旅游活动的场地设施，而且还需要乡村体育旅游的经营者来投资开发和乡村村民的积极参与，更需要发挥政府的调控职能，完善乡村体育旅游产业服务保障体系。首先，政府要加快乡村体育旅游产业的升级，做好体育旅游用地流转，鼓励以集体经营性建设用地使用权依法入股，促进乡村体育旅游产业空间布局合理。其次，建立健全政府与社会共同致力于乡村体育旅游产业的融资体系。一方面，通过申请中央及省级各类专项基金，向乡村旅游产业倾斜；另一方面通过设立旅游产业发展专项资金、旅游交通公路建设引导基金等形式，加大旅游专项基金的财政扶持。另外，政府职能部门必须实施积极的税费优惠政策。对符合条件的小型微型旅游企业可以采取旅游企业广告费和业务宣传费支出税前扣除、降低企业所得税，推进营业税费减免政策等方法，来拉动民间资本的社会化投入，使政府支持与社会参与形成合力。

（五）强化人才支撑，建立体育旅游激励机制

发展乡村体育旅游产业，不仅需要大量体育旅游专业人才，更需要既懂产业经济，又懂体育旅游的复合型高级管理人才，还需要建立体育旅游品牌创建的激励制度。因此，在强化人才支撑方面，既要多渠道引进和培育高素质的体育旅游行政管理、行业管理及经营管理人才，又可以依托韶关学院和职业、技工院校在旅游服务业务培训方面的平台，加强

乡村体育旅游从业人才的教育培训，提升乡村体育旅游从业人员的综合素质。既要加强宾馆酒店、景区景点服务人员和旅游车队、出租车司机的业务培训和职业道德教育，提高乡村体育旅游服务质量和服务水平，树立良好的乡村体育旅游新形象，又要加强对导游人员的培训，提高导游人员的综合素质，努力建设一支有良好职业道德和过硬专业知识的导游队伍，还要积极组织开展乡村体育旅游从业人员的技能大赛和评比活动，不断提升从业人员服务意识、服务水平和服务能力。在乡村体育旅游开发中要倡导产学研的有效结合，对乡村体育旅游品牌创建作出贡献的行政村、企业和个人，要推行积极的激励制度，以便促进乡村体育旅游多出产品和出好产品。

众所周知，乡村体育旅游产业，作为乡村旅游业和体育产业的共生性产业，是拉动乡村经济增长的新亮点。乡村体育旅游产业所涉及的土地、农民意识、产业经纪人、营销手段、体育产品研发、空间布局、专业人员培育、保障性制度供给、服务满意度等价值链，必然要求政府充分发挥调控功能，积极出台各种优惠政策，建立乡村体育旅游产业服务供给的长效机制，努力推进乡村健康卫生、体育健身、智慧生活、文化娱乐、休闲旅游、绿色环保等产业之间的良性互动发展，进而改善农村农民生活条件，提升乡村体育旅游辐射内涵。韶关市各级人民政府职能部门，如何抓住发展"大旅游，建设集聚产业园"的机遇，依据优势，创造条件，推动乡村体育旅游产业的繁荣发展，使乡村体育旅游产业成为发展乡村旅游的新立军，除了本研究提出的探索性建议外，还需要社会学界的共同努力与探索。

参考文献

[1] 张述林. 旅游发展规划研究：理论与实践 [M]. 北京：科学出版社，2014.

[2] 北京市农村工作委员会等. 北京市休闲农业与乡村旅游发展报告（2013）[M]. 北京：我国农业科学技术出版社，2013.

[3] 毛长义. 区域旅游发展战略研究 [M]. 北京：科学出版社，2013.

[4] 北京市农村工作委员会，北京市农村经济研究中心，北京观光休闲农业行业协会. 北京市休闲农业与乡村旅游发展报告口川. 北京：中国农业科学技术出版社，2013.

[5] 田里，李柏文，李雪松，等. 云南乡村旅游发展研究 [M]. 北京：中国旅游出版社，2013.

[6] 万小艳等. 乡村治理与新农村建设 [M]. 北京：知识产权出版社，2011.

[7] 耿红莉. 休闲农业服务人员指南 [M]. 北京：中国农业出版社，2010.

[8] 史亚军. 观光农业概论 [M]. 北京：中央广播电视大学出版社，2011.

[9] 詹玲. 发展休闲农业的若干问题研究 [M]. 北京：中国农业出版社，2009.

[10] 郭焕成，郑健雄，任国柱. 休闲农业理论研究与案例实践 [M]. 北京：中国建筑工业出版社，2010.

[11] 范水生. 休闲农业理论与实践 [M]. 北京：中国农业出版社，2011.

[12] 吕明伟. 休闲农业规划设计与开发 [M]. 北京：中国建筑工业出版社，2010.

[13] 任荣等. 创意农业探索与实践 [M]. 北京：人民出版社，2009.

[14] 张一帆，王爱玲. 创意农业的渊源及现实中的创新业态 [M]. 北京：中国农业科学技术出版社，2010.

[15] 蔡小于. 乡村旅游经营宝典 [M]. 成都：西南财经大学出版社，2008.

[16] 蔡碧凡. 农家乐经管管理人员知识读本 [M]. 北京：中国农业出版社，2010.

[17] 陈墀吉，李奇桦. 休闲农业经营管理（初版）[M]. 台北：威仕曼文化事业股份有限公司，2005.

[18] 农业部农村社会事业发展中心. 休闲农业讲解员业务知识与实务 [M]. 北京：中国农业出版社，2010.

[19] 窦志萍. 导游技巧与模拟导游 [M]. 北京：清华大学出版社，2010.

20][英]阿诺德·汤因比. 郭小凌，等译. 历史研究（上、下）[M]. 上海：上海人民出版社，2010.